Web 2.0

Neue erfolgreiche Kommunikationsstrategien für kleine und mittlere Unternehmen

Hessen-Media Band 57

Paul Alpar
Steffen Blaschke
Steffen Keßler

Hessisches Ministerium für Wirtschaft,
Verkehr und Landesentwicklung

HA Hessen Agentur GmbH
Hessen-IT
Abraham-Lincoln-Straße 38-42
65189 Wiesbaden

Telefon 0611 774-8481
Telefax 0611 774-8620
E-Mail info@hessen-it.de
Internet www.hessen-it.de

Paul Alpar, Steffen Blaschke, Steffen Keßler,
Philipps-Universität Marburg

Gabriele Gottschalk, Hessisches Ministerium für
Wirtschaft, Verkehr und Landesentwicklung
Wolfram Koch, HA Hessen Agentur GmbH
Wolf-Martin Ahrend, HA Hessen Agentur GmbH

in Zusammenarbeit mit Hessen-IT

Layout / Satz: WerbeAtelier Theißen, Lohfelden
Druck: Werbedruck Schreckhase, Spangenberg

Alle Bilder erscheinen mit freundlicher
Genehmigung der genannten Quellen.

ISBN 978-3-939358-57-2

Bibliografische Informationen der Deutschen
Bibliothek: Die Deutsche Bibliothek verzeichnet
diese Publikation in der Deutschen Nationalbi-
bliografie; detaillierte bibliografische Daten sind
im Internet über http://dnb.ddb.de abrufbar.

Das World Wide Web ist im Wandel. Unter dem recht unscheinbaren Begriff Web 2.0 verbirgt sich die nicht unbedeutende Tatsache, dass Inhalte einzelner Websites von Benutzern selbst generiert werden können. Die Einstellung von Videos, Berichten über das eigene Leben oder die Zufriedenheit mit Produkten oder Kommentaren über Tagesereignisse schaffen neue Anknüpfungspunkte für private und geschäftliche Kontakte.

Für Unternehmen stellen diese neuen Anwendungen gleichfalls Chance und Herausforderung dar. Neben der bereits umfangreichen Nutzung des Internet als Informationskanal und Transaktionsplattform müssen nun Kompetenzen bezüglich der neuen Anwendungen und Technologien aufgebaut werden. Dabei begrenzen sich die Nutzungsmöglichkeiten nicht auf die Interaktion mit Außenstehenden, sondern sie bieten auch Chancen, die unternehmensinterne Zusammenarbeit entscheidend zu verbessern. Hinter der Chance einer stärkeren Kundenbindung verbergen sich aber auch Risiken, wenn z. B. die gewünschte Interaktivität sich verselbständigt und nicht rechtzeitig Grenzen gesetzt wurden.

Während große Unternehmen mit den Anwendungsmöglichkeiten des Web 2.0 bereits experimentieren, stellt der Umfang der Neuerungen sowie die Vielzahl der Anbieter die meisten mittelständischen Unternehmen oftmals vor Probleme.

Mit dem vorliegenden Wegweiser wollen wir insbesondere kleinen und mittleren Unternehmen helfen, die zentralen Anwendungen des Web 2.0 einzuordnen und sich für diejenigen zu entscheiden, die für sie individuell die größten Chancen bei tragbarem Risiko beinhalten. Dieser Leitfaden ist als Einstiegshilfe gedacht, ergänzend dazu steht Ihnen Hessen-It virtuell unter **www.hessen-it.de** und real als Projektteam in der Hessen-Agentur zu weiterführenden Fragen gerne zur Verfügung.

Dr. Alois Rhiel, Hessischer Minister für
Wirtschaft, Verkehr und Landesentwicklung

Web 2.0

Neue erfolgreiche Kommunikationsstrategien für kleine und mittlere Unternehmen

Schriftenreihe Hessen-Media: Neuerscheinungen

2007

Web 2.0 – Neue erfolgreiche Kommunikationsstrategien für kleine und mittlere Unternehmen

Die Gamesbranche – ein ernstzunehmender Wachstumsmarkt

IT-Sicherheit für den Mittelstand

Online-Anbieter in Hessen

2006

IKT-Markt in Hessen

Internet-Marketing nicht nur für kleine und mittlere Unternehmen

Basel II – Rating für IT-Unternehmen

RFID – Geschäftsprozesse mit Funktechnologie unterstützen

Anti-Spam – Ein Leitfaden über und gegen unverlangte E-Mail-Werbung

VoIP – Telefonieren über das Internet

Leitfaden Webdesign – Internetpräsenzen besser planen und gestalten

In modernen Märkten überleben – Kooperationen mittelständischer Softwareunternehmen in Hessen

Surviving in modern markets – SME Cooperation in the software industry in Hessen

Hessen Media

Die komplette Schriftenreihe finden Sie im Anhang oder im Internet unter **www.hessen-media.de**
(Bestellmöglichkeit und Download als PDF-Datei)

1 Kennzeichen von Web 2.0-Anwendungen

Der Begriff Web 2.0 ist das erste Mal im Jahr 2004 im Titel einer Technologiekonferenz in den Vereinigten Staaten von Amerika aufgetaucht. Zu diesem Zeitpunkt war seine Bedeutung noch unklar. Der Begriff deutete zunächst einfach an, dass es neue Anwendungen gibt (oder geben wird), die sich von der ersten Generation der Web-Anwendungen unterscheiden. Bei Anwendungen der ersten Generation rufen Benutzer meistens auf einer einzelnen Website vorbereitete Webseiten ab, ohne auf die Website irgendwie Einfluss nehmen zu können. Auch heute gibt es keine allgemein akzeptierte Definition von Web 2.0, aber verschiedene Eigenschaften haben sich herauskristallisiert, die eine Anwendung zu einer Web 2.0-Anwendung machen. Diese Eigenschaften kann man in zwei Kategorien einteilen: technische und inhaltliche.

Die inhaltliche Charakterisierung der Web 2.0-Anwendungen basiert auf der Entstehung der Inhalte, die zum großen Teil von den Benutzern selbst bereit gestellt werden (das „Mitmach-" oder das „partizipative" Web). Da die Benutzer durch die Publikation ihrer Beiträge, die Kommentierung, Kategorisierung und Bewertung von Beiträgen oder die direkte Kommunikation mehr oder weniger intensive Beziehungen untereinander aufbauen, wird deren Aktivität als soziales Netzwerken (engl. social networking) bezeichnet.

Die Grenzen zu älteren Webanwendungen, die nun als Web 1.0-Anwendungen bezeichnet werden können, sind schwer zu ziehen. Funktionalitäten mancher Websites, die schon lange vor der Entstehung des Begriffs Web 2.0 existierten, entsprechen den oben aufgeführten Eigenschaften einer Web 2.0-Anwendung. Dazu gehören etwa die von Amazon angebotene Möglichkeit, Bücher zu bewerten und sich Kaufvorschläge aufgrund der Kaufvorgänge anderer Benutzer geben zu lassen, oder die Textwerbeanzeigen, die thematisch den Inhalten der Webseiten entsprechen, auf denen sie von Google positioniert werden. Deswegen schlägt einer der Erfinder des Begriffs, Tim O'Reilly, vor, die Anwendungen nach ihrem „Web 2.0-Gehalt" in Stufen anzuordnen (vgl. Abb. 1.1). Auch diese Hierarchie löst leider nicht die Frage, welche Anwendung genau zur „Familie"

Web 2.0 gehört, und auch die Zuordnung der Anwendungen zu den Stufen ist nicht eindeutig. Deswegen werden die verschiedenen Anwendungen weiter unten nicht nach diesen Stufen, sondern nach ihrem Zweck gruppiert und besprochen. Der Zusatz 2.0 wird inzwischen auch auf andere Begriffe übertragen, z. B. Enterprise 2.0 oder Library 2.0. Auch hier gibt es keine allgemein akzeptierten Definitionen, aber der Grundgedanke besteht darin, dass mit der Software für Web 2.0 mehr Kooperation im Unternehmen bzw. Partizipation in der Nutzung von Bibliotheken erreicht werden könnten.

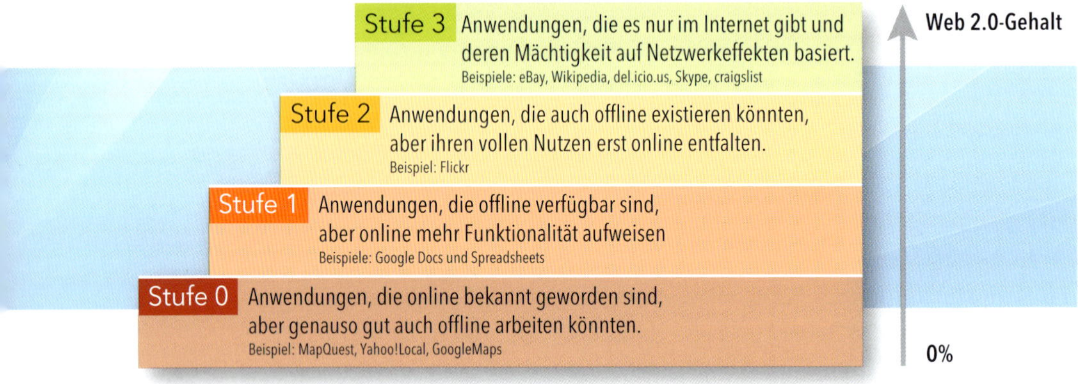

Abb. 1.1 Web 2.0-Gehalt von Anwendungen nach O'Reilly

Das wichtigste technische Kennzeichen ist, dass die Anwendung auf einer Webplattform angeboten wird. Das bedeutet, dass auf sie von jedem Endgerät, das an das Internet angeschlossen ist und über einen Webbrowser verfügt, zugegriffen werden kann. Eine Installation der Software auf dem Endgerät ist nicht notwendig, wodurch auch jede neue Version automatisch zur Verfügung steht. Deswegen wird die Software auch nicht „verpackt" und verkauft, sondern nur als Dienst angeboten. Die Anwendungsdaten sind ebenfalls im Web und nicht auf dem Endgerät gespeichert. Web als Plattform kann auch bedeuten, dass die Anwendung aus mehreren voneinander unabhängigen Anwendungen, die auf unterschiedlichen Webservern ausgeführt werden, zusammengesetzt ist, ein sog. Mashup. Manche dieser Anwendungen bieten auch ihre Funktionen und Daten

(z. B. geografische Karten) anderen Anwendungen zum kostenlosen Einbau über Programmierschnittstellen (engl. Application Programming Interface, API) an. Die verwendete Technologie besteht oft aus neuen Softwarewerkzeugen, die öffentlich zugänglich sind und unentgeltlich genutzt werden können (Open Source Software), auf offenen Standards basieren (z. B. XML) und eine leistungsfähige Benutzerschnittstelle ermöglichen. Nach der Beschreibung der inhaltlichen und technischen Kennzeichen kann eine kurze Definition des Begriffs gegeben werden:

Definition Web 2.0: *Der Begriff Web 2.0 kennzeichnet Anwendungen, die das World Wide Web als technische Plattform nutzen, auf der die Programme und die benutzergenerierten Inhalte zur Verfügung gestellt werden. Die gemeinsame Nutzung der Inhalte und gegenseitige Bezüge begründen Beziehungen zwischen den Benutzern.*

Die Kritik am Begriff Web 2.0 sollte auch erwähnt werden, da sie teilweise auch von so wichtigen Internetpionieren wie dem Entwickler des World Wide Web (WWW), Tim Berners-Lee, vorgebracht wird. Die Kritik basiert einerseits auf der schwierigen Abgrenzung des Begriffs und damit einer nicht eindeutigen Identifikation der Web 2.0-Anwendungen, andererseits wird Web 2.0 ein Neuigkeitsgrad abgesprochen, der eine neue Generationsbezeichnung rechtfertigen würde. Wissenschaftler versuchen seit Jahren, das Web so weiter zu entwickeln, dass die Webseiten auch von Computern mit Hilfe von Programmen gelesen und verstanden werden können. Dazu ist eine formale Festlegung der Bedeutung (Semantik) der Seiteninhalte notwendig, weswegen dieses Ziel als das semantische Web bezeichnet wird. Das würde die automatische Verknüpfung und Weiterverarbeitung von Webinhalten erlauben, z. B. durch Programme, die Arbeiten im Auftrag menschlicher Benutzer ausführen, sog. Softwareagenten. Die Anwendungen des Web 2.0 haben mit diesen Bemühungen bisher wenige Gemeinsamkeiten. Diese Kritikpunkte mögen gerechtfertigt sein, doch die gesellschaftliche und ökonomische Bedeutung der nachfolgend betrachteten Anwendungen kann und darf nicht übersehen werden.

Eine andere Auswirkung des Web 2.0 ist der Druck auf Unternehmen, die derzeit eingesetzten, relativ schwerfälligen und unflexiblen Informationstechnologien auf die Technologien des Web 2.0 umzustellen. Die Marktforschungsfirma Gartner bezeichnet diesen von ihr prognostizierten Trend als „consumerisation" (consumer bedeutet Kunde), weil Technologien, die zuerst für private Endverbraucher entwickelt wurden, nun Einzug in die Geschäftswelt halten, ein Prozess der in der Vergangenheit in umgekehrter Reihenfolge ablief. Ein guter Beleg für diese Entwicklung ist die Ankündigung des Produkts Lotus Connections von IBM, das Unternehmen bei der Entwicklung interner Web 2.0-Anwendungen unterstützen soll.

Anwendungen wie YouTube, Wikipedia, MySpace oder die vielen Blogs erreichen monatlich Millionen von Internetnutzern. Die Anwendungen erzielen teilweise hohe Werbeumsätze und zunehmende Nutzungsgebühren und werden selbst vom Kapitalmarkt hoch bewertet. Doch der Einfluss von Web 2.0 geht weit über dessen ökonomische Bedeutung hinaus, da es einen signifikanten Einfluss auf die Medienverwendung und die Meinungsbildung der Nutzer entfaltet, der über das Internet hinaus ausstrahlt.

Bezüglich der Art und Intensität der Benutzerpartizipation gibt es viele Unterschiede. Einerseits können Benutzer ein elektronisches Tagebuch (Blog) auf der eigenen oder der Website eines Dienstleisters für Blogs führen (siehe Kapitel 3) oder nur Blogeinträge kommentieren. Statt Textbeiträge ist es auch möglich Bilder, Videos oder Audioaufzeichnungen zu veröffentlichen (siehe Kapitel 4). Diese werden dann in den Anwendungen, die diese Beiträge vorhalten, von anderen Benutzern kommentiert und bewertet, um dadurch eine Sortierung oder Rangskala zu ermöglichen. In vielen Anwendungen können Beiträge von den Autoren selbst durch Schlüsselbegriffe beschrieben werden, die in diesem Kontext als Tags bezeichnet werden. Durch diese Tags entstehen implizit benutzerdefinierte Kategorien, die insgesamt Folksonomy, als Pendant zu einer anbieterdefinierten Begriffshierarchie (engl. Taxonomy), genannt werden. Andererseits können Benutzer Beiträge für die Online-Enzyklopädie Wikipedia (siehe Kapitel 7) verfassen oder bestehende korrigieren. Die Wiki-Software kann auch zur Verwaltung und Nutzung organisationsinternen Wissens verwendet werden.

Wer keine Beiträge selbst verfassen möchte, kann andere Benutzer auf interessante Blogbeiträge, Nachrichten, Bilder, Videos usw. mit einer kurzen Beschreibung und einem Verweis aufmerksam machen, damit diese Beiträge noch mehr Aufmerksamkeit erhalten. Eine solche Anwendung stellt eine Art Nachrichtenagentur dar, deren Nachrichten von Benutzern im Internet gefunden und bzgl. ihres Interesses bewertet werden (Kapitel 5). Eine andere Variante ist die gemeinsame Sammlung und Nutzung von Verweisen auf Webseiten, sog. Bookmarks, die nun nicht im eigenen Browser, sondern auf einem Webserver verwaltet werden. Beide Varianten werden unter dem Begriff Social Bookmarking zusammengefasst. Eine von Benutzern nicht geplante gemeinsame Verwendung der Verweise auf andere Websites nutzt auch die Suchmaschine Google, da sie die Verweisstruktur der Webseiten in die Berechnung des Rangs einer Website in den Suchergebnissen einbezieht.

Die direkte Interaktion der Benutzer untereinander unterstützen Websites, bei denen Benutzer ihre Profile hinterlegen und dann mit solchen Teilnehmern in Verbindung treten können, die ähnliche private oder geschäftliche Interessen haben (Kapitel 6).

Im Web werden zunehmend Anwendungen angeboten, die einzelne Benutzer oder Gruppen für Textverarbeitung, Berechnungen, Projektmanagement oder zur Unterstützung von Kerngeschäftsprozessen nutzen können – als Alternative zur Software, die auf eigenem Rechner oder im Unternehmensnetzwerk ausgeführt wird (Kapitel 8). Wenn ein einzelner Benutzer diese Software verwendet, dann besteht für ihn kein inhaltlicher Unterschied zur Verwendung ähnlicher Programme auf einem Desktop; der Benutzer hat allerdings den logistischen Vorteil, dass er seine Arbeit überall verrichten kann, wo er über ein Endgerät für den Internetzugang verfügt. Inhaltliche Vorteile kommen erst bei der Zusammenarbeit in verstreuten Gruppen voll zur Geltung. Für das Unternehmen ergeben sich auf jeden Fall Kostenvorteile.

Dieser Leitfaden ist nicht für potentielle Betreiber von Web 2.0-Anwendungen geschrieben. Deswegen werden hier die möglichen Geschäftsmodelle solcher Dienste nicht direkt erörtert, d. h., ob die Einnahmen aus der Werbung oder Teilnahmegebühren entstehen. Manche der Anwendungen verfolgen (derzeit) keine kommerziellen Ziele (z. B. Craigslist, eine Website für Kleinanzeigen), aber sie sind dennoch für Unternehmen aus unterschiedlichen Gründen wichtig.

Die meisten Kapitel, die Web 2.0-Anwendungen darstellen,
sind so aufgebaut:

- a Anwendungsspezifische Beschreibung,
- b Technische Voraussetzungen,
- c Beispiele und
- d Nutzung durch kleine und mittlere Unternehmen (KMU).

Im nächsten Kapitel werden einige ökonomische und soziologische Konzepte erörtert, die das Phänomen des rasanten Wachstums der Nutzung von Web 2.0-Anwendungen erklären helfen können. Dieses Wachstum wäre jedoch ohne die weitere Verbreitung des Internets sowie technische Voraussetzungen nicht möglich gewesen. Dazu gehören der Ausbau der Internet-Backbones, der Hauptleitungen für den Datenverkehr im Internet, und die Zunahme der günstigen Breitbandanschlüsse, die den Internetnutzern schnelles Surfen und Hoch- und Herunterladen multimedialer Inhalte erlauben.

2 Ökonomische und soziologische Hintergründe

2.1 Netzwerkeffekte

Eine Erklärung für den rasanten Zuwachs der Nutzerzahlen von Web 2.0-Anwendungen ist das Phänomen der Netzwerkeffekte. Dieses Phänomen erklärt auch das Wachstum des Internets selbst. Es besagt, dass der Nutzen eines Netzwerks für seine Mitglieder mit seiner Größe überproportional wächst. Das liegt daran, dass ein neuer Teilnehmer potentiell mit jedem bisherigen Mitglied des Netzwerks kommunizieren und eine Beziehung aufbauen könnte. Die genaue Berechnung des „Netzwerts", der auf der Anzahl der (potentiellen) Kommunikationsbeziehungen basiert, ist umstritten. Oft wird der Wert eines Netzwerks mit n Teilnehmern nach dem „Metcalfe Gesetz" mit n^2 angegeben. Metcalfe, einer der Entwickler von Ethernet, hat jedoch seine Überlegungen, die später als ein „Gesetz" bezeichnet worden sind, nicht auf menschliche Benutzer, sondern kompatible Geräte bezogen. Wenn jede Verknüpfung zwischen zwei Netzwerkmitgliedern nur einmal gezählt wird (d.h. die Kommunikation von A zu B und B zu A stellt nur eine Verknüpfung dar) und Kommunikation mit sich selbst nicht betrachtet wird, dann beträgt die Anzahl möglicher Verknüpfungen unter n menschlichen Teilnehmern n x (n-1) / 2. Auf der einen Seite nutzen die meisten Teilnehmer jedoch nur einen kleinen Teil der potentiellen Kommunikationsmöglichkeiten, so dass die Zahl der tatsächlich hergestellten Kommunikationen weit unter der Maximalzahl liegt. Auf der anderen Seite bilden Teilnehmer eines großen Netzwerks auch Gemeinschaften, die nur Untermengen aller Netzwerkmitglieder enthalten. Die Teilnehmer können mehreren solcher Gemeinschaften gleichzeitig angehören, was den Nutzen des Netzwerks für sie speziell, aber auch insgesamt wieder erhöht.

2.2 The Long Tail

Bei den meisten traditionellen Geschäftsmodellen orientieren sich Anbieter von Produkten oder Dienstleistungen vornehmlich an Abnehmern großer Mengen oder an Produkten und Dienstleistungen, die von vielen Abnehmern nachgefragt werden. Ein Buchladen hält z. B. auf seiner knappen Regalfläche hauptsächlich Bücher vor, die oft nachgefragt werden. Ein Außendienstmitarbeiter für pharmazeutische Krankenhausprodukte besucht nur große Kliniken oder zumindest viel öfter als kleine Häuser. Auf vielen Märkten fällt ein großer Marktanteil auf große Abnehmer oder relativ wenige Produkte. Bei knappen Verkaufs- oder Lagerflächen, Beratungszeit oder anderen Ressourcen macht es ökonomisch Sinn, sich auf diese Kunden, Produkte oder Dienstleistungen zu konzentrieren. Wenn jedoch diese Ressourcen dank Informationstechnologien fast unbegrenzt sind, verändert sich das ökonomische Kalkül. Es ist dann wirtschaftlich, fast jede Nische, fast jede Nachfrage zu bedienen. Die Summe aller dieser Nischen kann sogar das Nachfragevolumen nach am meisten nachgefragten Produkten oder Dienstleistungen übersteigen. Die Regalfläche von Amazon z. B. ist um ein Vielfaches größer als die eines physischen Buchladens, so dass die Firma auch Bücher vorhalten kann, die keine Bestseller sind, sondern nur selten bestellt werden. Die Anzahl der sofort lieferbaren Bücher ist nur durch das physische Zentrallager begrenzt, das zu weitaus geringeren Kosten als ein Buchladen betrieben wird. Bei digitalen Produkten wie Liedern, Fotos oder Software fällt der Vergleich für Online-Shops noch vorteilhafter aus, weil dort die „Regal- und Lagerfläche" praktisch unbegrenzt sind.

Wenn man den Umsatz mit Produkten grafisch abbildet, ergibt sich oft eine Verteilung wie in Abb. 2.1 dargestellt. Bei einigen Ausprägungen treten hohe Häufigkeiten auf, die zuerst schnell und dann langsam abflachen. Der Teil mit den niedrigen Häufigkeiten wird mit dem Rumpf oder Schwanz eines Tieres assoziiert. Das Phänomen wird deswegen englisch als „The Long Tail" bezeichnet.

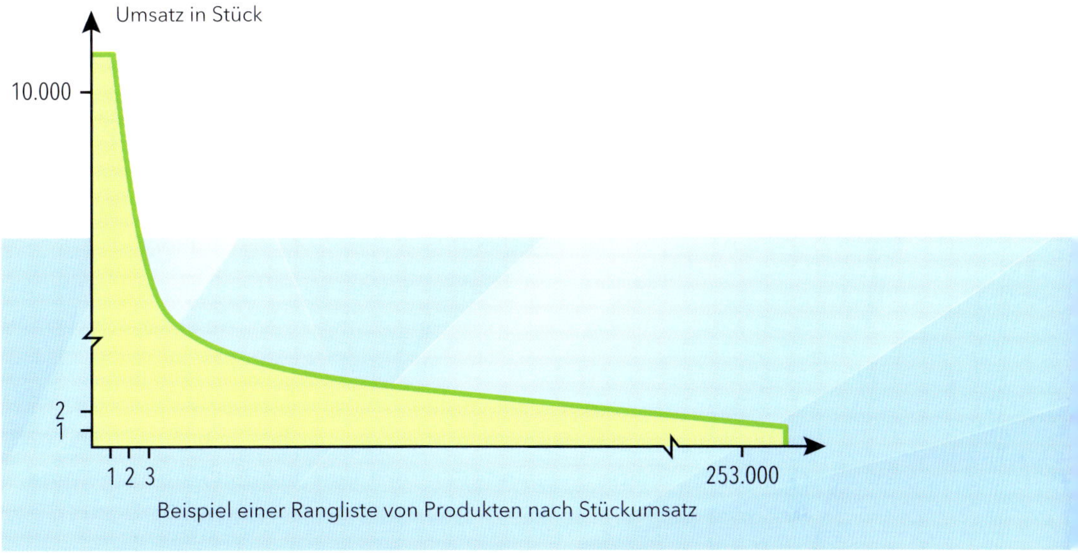

Abb. 2.1 The Long Tail

Ein stark vereinfachtes Rechenbeispiel kann die Lukrativität der wenig nachgefragten Güter verdeutlichen. Wenn fünf Bestseller einer Produktkategorie im Durchschnitt 10.000mal verkauft werden und jedes Stück grundsätzlich einen Euro Gewinn einbringt, dann lässt sich mit den Bestsellern ein Gewinn von 50.000 Euro erzielen. Wenn auf der anderen Seite 200.000 andere Produkte nur einmal nachgefragt werden, führt das zu einem Gewinn von 200.000 Euro. Unabhängig von der kommerziellen Nutzung bieten viele Web 2.0-Anwendungen eine große Menge von „Produkten" an, die von Millionen Benutzern produziert und nachgefragt werden: Bilder, Videos, Textbeiträge, Bewertungen oder, abstrakter, Erfahrungen und Wissen. Über die Qualität dieser Produkte darf gestritten werden, aber das gilt für professionell erstellte Güter ebenso. Tatsache ist, dass auch dieses Angebot seine Nachfrage findet. Genauso wie Ebay den Handel von vielen, vorher nur schwer handelbaren Gütern durch viele Teilnehmer, die vorher an einem solchen Handel nicht teilgenommen haben, ermöglicht hat, haben diese Anwendungen zu einer rasanten Zunahme des Austausches intellektueller Güter geführt.

2.3 Kollektive Intelligenz

Wenn auch die Medien scheinbar von Experten fasziniert sind, denn zu jedem Thema müssen sich diese in Zeitungen, Fernsehen und Radio äußern und Prognosen abgeben, ist von allen nicht manipulierten Märkten bekannt, dass das kollektive Wissen aller Marktteilnehmer kein Einzelner übertrumpfen kann. Wenn die einzelnen Teilnehmer einer Gruppe über unterschiedliche Informations- bzw. Wissensstrukturen verfügen, dann besitzt die Gruppe insgesamt immer mehr Informationen und Wissen als irgendein Einzelner, egal wie erfahren er ist. In der Realität besteht das Problem natürlich darin, dass man nicht zu jeder Frage das kollektive Wissen erheben bzw. zur Anwendung bringen kann. Außerdem kommt es zu Beeinflussungen der Teilnehmer untereinander, so dass die Teilnehmer nicht unabhängig voneinander entscheiden und nur Teile ihres Wissens einbringen. Die Problemlösungsfähigkeit einer Gruppe kann auch als ihre kollektive Intelligenz, engl. auch „wisdom of crowds" (vgl. Surowiecki 2004), angesehen werden, wenn diese auch im Vergleich zu der eines Einzelnen noch schwieriger zu messen ist.

In Web 2.0-Anwendungen, die von vielen Menschen auf der ganzen Welt ständig genutzt werden, kann sich das Wissen der Gruppe manifestieren. Wenn jemand etwas Falsches in die offene Online-Enzyklopädie Wikipedia (un)absichtlich einträgt, wird das meistens schnell bemerkt und von einem anderen Nutzer korrigiert. Die Auswahl der besten Videos oder interessantesten Nachrichten auf einer Website treffen die Besucher einer Site gemeinsam. Benutzer eines elektronischen Shops können über Produkte, die dort verkauft werden (z. B. Bücher) urteilen, Benutzer einer Website über Reisen können Hotels bewerten, auch wenn sie auf der Website nicht vermittelt werden. Die Urteile der Bewerter werden ebenso bewertet, wie auch Teilnehmer an Auktionen von ihren Handelspartnern bewertet werden. Dadurch entstehen Reputation und Vertrauen. Je mehr Benutzer sich an den Bewertungen beteiligen, desto zuverlässiger werden die Durchschnittsergebnisse und durch einzelne extreme oder absichtlich falsche Urteile weniger beeinflussbar.

2.4 Motivation zur Mitwirkung in Netzwerken

Viele der Netzwerke erlauben sowohl eine aktive als auch eine „passive" Teilnahme. Mit passiver Teilnahme sind hier bspw. das Lesen von Textbeiträgen, das Anhören von Audiodateien, das Anschauen von Videoclips oder das Verfolgen von Links gemeint. Viele Internetsurfer beginnen mit der Nutzung von Web 2.0-Websites aufgrund von Empfehlungen ihrer Freunde (engl. word-of-mouth), so dass die Websites oft kaum Werbung für sich machen müssen. In manchen Nutzerkreisen entsteht sogar sozialer Druck, solche Anwendungen zu nutzen, weil man sonst nicht „in" ist. Die Nutzung ist zunächst meist passiv. Für die dauerhafte Popularität einer Website ist es wichtig, dass aus passiven Nutzern aktive werden. Die aktive Teilnahme kann Bewerten fremder Beiträge, Schreiben von Kommentaren oder Einstellen eigener Beiträge (inklusive Kategorisierung) beinhalten. Besonders die letzte Aktivität stellt die Grundvoraussetzung für den Gedeih von Netzwerken dar. Es stellt sich deswegen die Frage: Was treibt die Autoren an, eigene Beiträge einzustellen, der „ganzen" Welt über ihr Leben und evtl. Gefühle zu „erzählen", Bilder und Videos von sich oder Bekannten zu veröffentlichen?

- Die aktive Teilnahme erfordert in den meisten Anwendungen eine Anmeldung, wenn auch die Teilnahme kostenlos ist. So kann genau Buch über die Aktivitäten der aktiven Teilnehmer geführt werden. Das erlaubt wiederum das Erstellen von Ranglisten (z. B. der Benutzer mit den meisten Beiträgen) oder die Berechnung eines bestimmten Status, manchmal als Karma bezeichnet. Daraus entstehen Ansehen und evtl. Einfluss, die eine Triebfeder für aktive Teilnahme sein können.

- Wer die Beiträge anderer Teilnehmer nutzt, z. B. Bewertungen von Restaurants, Hinweise auf Veranstaltungen oder Webadressen, fühlt sich oft verpflichtet, anderen Teilnehmern etwas in Form eigener Beiträge zurückzugeben. Die erwartete oder geleistete Reziprozität kann also ein weiterer Grund für die aktive Teilnahme sein.

- Die regelmäßige aktive Teilnahme führt zum gegenseitigen Kennenlernen (z. B. der Vorlieben für Bücher, Spielfilme, politische Parteien). Manche Anwendungen helfen den Benutzern, Teilnehmer mit ähnlichen Profilen oder ähnlichem Anwendungsverhalten zu identifizieren, andere Anwendungen lassen die Teilnehmer explizit ihre Freunde oder bevorzugte Kontakte benennen. Daraus entstehen reale Beziehungen im Netz, die von Beziehungen außerhalb des Netzes begleitet werden können, aber nicht müssen. Auf jeden Fall führt das zu einem Gemeinschaftsgefühl, das eine weitere Motivation für die Teilnahme in Web 2.0-Anwendungen darstellt.

- Im Web kann man verschiedene Identitäten annehmen. In den meisten Fällen verfolgen die Autoren mit der Annahme einer fiktiven Identität keine schlechten Absichten. Sie suchen einfach in den Netzgemeinschaften die Möglichkeit der freien Persönlichkeitsentfaltung, ohne fürchten zu müssen, dass sie wegen ihrer Beiträge bei der Arbeit, in der Schule oder woanders Missbilligung erfahren könnten oder belästigt werden. In einigen Fällen ist die Annahme einer falschen Identität leider durch die Absicht eines unerwünschten oder kriminellen Verhaltens motiviert.
- In den Netzgemeinschaften sind zunächst alle gleich, bis man sich Ansehen erarbeitet hat. Während in der realen Welt der Zugang zu den Medien für Einzelne schwierig ist, kann in den Netzgemeinschaften jeder „zu Wort kommen". Die Aufmerksamkeit, die der Einzelne erhält, ist wiederum unterschiedlich, aber Beiträge, die der Gemeinschaft interessant erscheinen, egal aus welchen Gründen, werden von vielen Teilnehmern beachtet. Damit erfahren die Benutzer ein erhöhtes Demokratiegefühl.
- Im Gegensatz zu Benutzern, die ihre wahre Identität nicht preisgeben möchten, gibt es auch andere, die sehr viel über sich schreiben und von sich zeigen, etwa in Form von Bildern oder Videos. Offensichtlich spielt bei manchen von ihnen auch ein Hang zu Exhibitionismus oder Geltungsdrang eine Rolle für ihre Aktivität.
- Bei der Teilnahme in sozialen Netzwerken, die der Verknüpfung geschäftlicher Kontakte dienen, suchen die Teilnehmer direkte wirtschaftliche Vorteile. Diese entstehen aus der Anbahnung von Geschäften oder der Annahme eines Arbeitsplatzes.

3 Weblogs - Tagebücher im Netz

Ende des Jahres 1997 begann der Amerikaner John Barger, sein Tagebuch im Internet zu führen; er nannte es Weblog, zusammengesetzt aus den englischen Begriffen Web und Log. Zu Beginn des Jahres 2007 verfolgte die Suchmaschine Technorati (**www.technorati.com**) täglich mehr als 1,6 Millionen Beiträge in über 63,2 Millionen Weblogs weltweit! In Deutschland besitzen etwa 1,4 Millionen Bundesbürger ein eigenes Weblog.

Ein Weblog ist eine Website, auf der Inhalte regelmäßig und in zeitlich umgekehrter Reihenfolge von einem oder mehreren Autoren veröffentlicht werden. Ähnlich einem Tagebuch reflektieren die Beiträge eines Weblogs die subjektive Meinung des jeweiligen Autors. Darüber hinaus können Leser einzelne Beiträge direkt im Weblog des Autors kommentieren oder sie in ihrem eigenen Weblog referenzieren. So entsteht ein engmaschiges Diskussionsnetzwerk im Internet, die sog. Blogosphäre.

Weblogs oder kurz Blogs werden zum größten Teil von Privatpersonen ohne kommerziellen Hintergrund betrieben. Die Autoren bezeichnen sich dabei selbst als Blogger, ihre schriftstellerische Tätigkeit wiederum als Blogging. Oft berichten sie lediglich von alltäglichen Geschehnissen, vereinzelten Erlebnissen und persönlichen Interessen. Daneben existieren zahlreiche fachspezifische und wissenschaftliche Weblogs, deren Beiträge jeweils ein bestimmtes Thema beleuchten. Ein Beispiel ist der mit dem European E-Learning Award 2006 ausgezeichnete Weiterbildungsblog (**www.weiterbildungsblog.de**), der über aktuelle Entwicklungen vor allem im Bereich Wissensmanagement informiert. Seit einiger Zeit nimmt auch die Zahl unternehmenseigener Weblogs, englisch Corporate Weblogs oder kurz Corporate Blogs genannt, beständig zu. Zu den prominentesten Vertretern gehören Unternehmen wie Boeing, General Motors, SAP, Siemens und Sun.

Weblogs lassen sich ihrem thematischen Inhalt und ihrer Autorenschaft nach kategorisieren. Die Inhalte von Corporate Weblogs können z. B. für die interne Unternehmenskommunikation bestimmt sein, für Marketingzwecke eingesetzt werden, Information über Produkte und Dienstleistungen bereitstellen oder dem Kundenservice dienen. Die Autoren sind dabei einzelne Mitarbeiter oder ganze Abteilungen. In der Öffentlichkeit sind vor allem Weblogs von Geschäftsführern (CEO Weblogs) bekannt. Abb. 3.1 zeigt das Weblog des Boeing-Vorstandsvorsitzenden Randy Baseler.

Abb. 3.1 Weblog des Vorstandsvorsitzenden von Boeing

Weblogs bestehen vielfach wie von Webseiten gewohnt aus Texten und Hyperlinks, wobei aber zunehmend auch multimediale Weblog-Formate angeboten werden. Fotoblogs (Flogs) dokumentieren tägliche Ereignisse durch Bilder (z. B. **www.jeder-tag.de**), Videoblogs (Vlogs) machen mit zumeist kurzen Videosequenzen dem traditionellen Fernsehen Konkurrenz (z. B. **www.ehrensenf.de**) und Mobileblogs (Moblogs) enthalten Kurzbeiträge mit oder ohne Fotografien, die mit mobilen Endgeräten produziert und veröffentlicht wurden (z. B. **http://joi.ito.com/moblog**).

3.1 Funktionen von Weblogs

Die Veröffentlichung von Inhalten in einem Weblog ist heute ohne technisches Fachwissen möglich. Eine webbasierte Software stellt hierzu alle notwendigen Funktionen zur Verfügung. Als Beispiel dient nachfolgend die Open Source Software Wordpress (**www.wordpress.org**); die gleichen Funktionen findet man bei anderer Weblog-Software ebenso wieder. Die Software bietet zunächst einen Bereich, der nur den als Administrator bestimmten Autoren zugänglich ist. Hier kann bspw. das äußere Erscheinungsbild des Weblogs festgelegt werden, eigene Beiträge und fremde Kommentare können verwaltet und gelöscht werden. Der administrative Bereich enthält außerdem ein Formular, das dem Autor zum Schreiben seiner Beiträge dient (siehe Abb. 3.2).

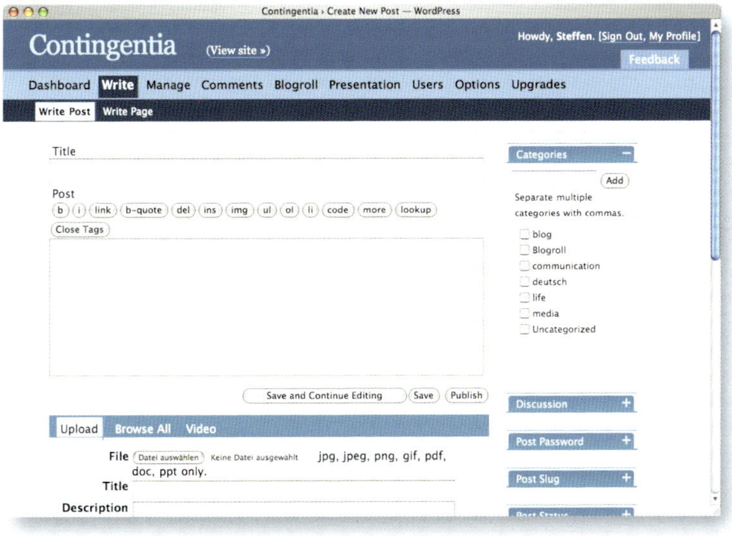

Abb. 3.2 Schreibfunktion eines Weblogs

Für die Formatierung und Strukturierung von Beiträgen kann der Autor auf die aus Textverarbeitungsprogrammen bekannten Funktionen einer Symbolleiste zurückgreifen. So kann Text fett, kursiv oder unterstrichen dargestellt, können Hyperlinks eingefügt und Listen ausgezeichnet werden. Während Webseiten in der Auszeichnungssprache HTML (Hypertext

Markup Language) geschrieben sind, können Beiträge eines Weblogs ohne Kenntnisse dieser Sprache geschrieben werden. Die notwendige Übersetzung übernimmt die Software mit dem Speichern des Formulars.

Weiterhin erlaubt es die Software, Medien gängiger Datenformate (JPG, GIF, PNG, PDF, DOC, PPT) direkt in das Weblog einzubinden. Zunächst lädt der Autor eine Mediendatei in das Weblog hoch. Im Weblog selbst lassen sich alle Dateien verwalten und mit Hilfe von Hyperlinks den Lesern zugänglich machen.

Neben den grundlegenden Funktionen für Gestaltung, Verwaltung und Schreiben bieten Weblogs eine Reihe weiterer Funktionen. Hierzu zählt bspw. die automatische Veröffentlichung von Beiträgen in zeitlich umgekehrter Reihenfolge auf der Hauptseite. Gleichzeitig werden diese Beiträge als einzelne Webseiten archiviert. Damit sind alle Beiträge trotz des begrenzten Platzes auf der Hauptseite immer zugänglich. Die archivierten Beiträge sind oft mit einem Kalender verlinkt (siehe Abb. 3.1). Man bezeichnet Hyperlinks zu archivierten Webseiten als Permalinks (eine Zusammensetzung aus englischen Wörtern permanent und link, die Dauerverweis bedeutet).

Drei zusätzliche Funktionen ermöglichen die Diskussion zwischen Autor und Leser und tragen damit maßgeblich zur Entstehung der Blogosphäre bei (siehe auch Abb. 3.3):

- **Kommentare.** Leser können mit Hilfe von Formulareingaben zu jedem Beitrag Kommentare direkt im Weblog hinterlassen. Die Kommentare werden an den jeweiligen Beitrag angehängt und sind somit für alle folgenden Leser sichtbar.
- **Trackbacks.** Als Trackback (Rückverfolgung) bezeichnet man dabei die Funktion, mit der ein Weblog Bezüge zu seinen Beiträgen in anderen Weblogs identifiziert. Trackbacks sorgen für gegenseitige Verlinkung zwischen Weblogs. In der Regel werden Trackbacks wie Kommentare an einen Beitrag angehängt. Sie enthalten dann den Namen des verlinkenden Weblogs, die entsprechende Internetadresse und eine Zusammenfassung des Beitrages, aus dem Bezug zum aktuellen Weblogbeitrag genommen wird.

- **Blogrolls.** Zuletzt ist jedem Autor die Möglichkeit gegeben, mit Hyper- bzw. Permalinks auf andere Weblogs und deren Beiträge zu verweisen. Er zeigt damit, welche Quellen er selbst liest und trägt gleichzeitig zur Verknüpfung von Informationen bei. Eine Liste dieser Verweise nennt man Blogroll.

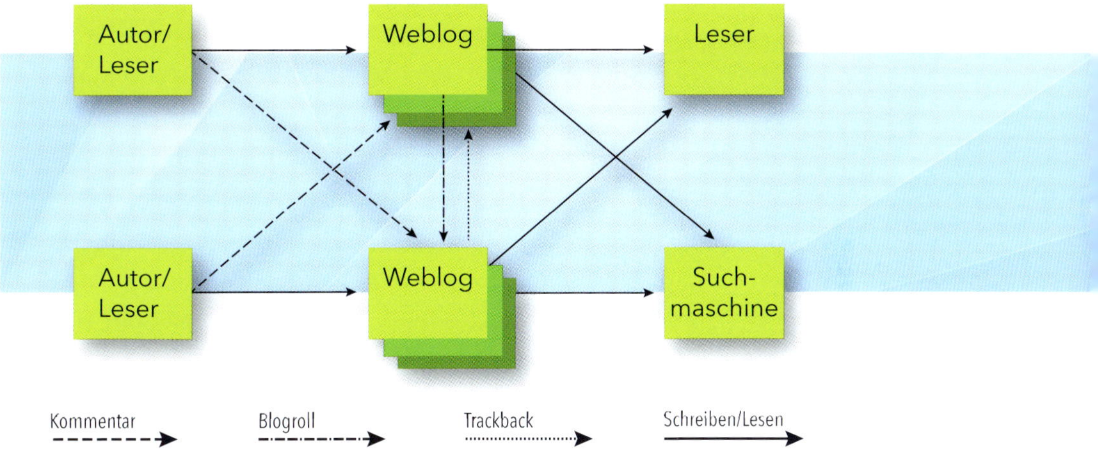

Abb. 3.3 Blogosphäre

Aus funktioneller Sicht ist die Bedeutsamkeit der Blogosphäre auf deren Einfluss auf Suchmaschinen wie Google zurückzuführen (vgl. Möller 2006, 153). Suchmaschinen ordnen ihre Trefferlisten für bestimmte Suchwörter u. a. entsprechend dem Bekanntheitsgrad der Webseiten (Page Rank). Der Bekanntheitsgrad wird dabei zum großen Teil durch die Verlinkung von Webseiten bestimmt. Wird ein Beitrag eines Weblogs von vielen anderen Weblogs referenziert, dann steigt dieser Beitrag in der Bekanntheit und erscheint an höherer Stelle in der Trefferliste der Suchmaschinen. Damit steigt wiederum die Wahrscheinlichkeit, dass mehr Menschen ihn lesen.

Einen wesentlichen Anteil an der schnellen Verbreitung von Informationen in der Blogosphäre hat eine standardisierte Technik, die als RSS bekannt ist. RSS steht für Really Simple Syndication, was mit „wirklich einfache Verbreitung" übersetzt werden kann. Das gleiche Akronym wurde in früheren

Versionen des Standards unterschiedlich interpretiert, obwohl es sich im Prinzip um die gleiche Technik handelt. Wordpress und andere Weblog-Software erzeugen für jeden Beitrag eines Weblogs automatisch ein in XML (Extensible Markup Language) geschriebenes Dokument, das u. a. eine Zusammenfassung des jeweiligen Beitrags beinhaltet. Die XML-Dokumente eines Weblogs bilden einen sog. RSS-Feed, der von Lesern abonniert werden kann. Die Verfügbarkeit eines solchen RSS-Feeds wird i. d. R. durch das Symbol signalisiert. Statt Weblogs in regelmäßigen Abständen zu besuchen, werden die Leser automatisch über neu veröffentlichte Beiträge informiert. Das Lesen erfolgt mit Hilfe eines meist kostenlos erhältlichen Leseprogramms, das man als RSS-Reader bezeichnet oder mit einem geeigneten Webbrowser.

Viele Weblogs lassen sich um eine Reihe nützlicher Funktionen ergänzen. Zu den bekanntesten Erweiterungen (hier Widgets genannt) zählen die Kategorisierung von Beiträgen (Tagging; vgl. Abschnitt 4.1), der Schutz vor unerwünschten Kommentaren (Anti-Spam) und die automatische Benachrichtigung von Suchmaschinen über Änderungen im Weblog (Pingback). Insbesondere die Funktion für Anti-Spam ist für den Betrieb eines öffentlichen Weblogs in Eigenregie von Nöten. Dabei kann einerseits eben auf Widgets (z. B. Akismet, **http://akismet.com**) vertraut werden, die Kommentare mit bspw. obszönen Wörtern automatisch löschen. Andererseits können Kommentare vor der Veröffentlichung im Weblog zunächst in eine Warteschlange gestellt werden, um sie später manuell freizugeben. Außerdem wird i. d. R. auch für Kommentierung eine einfache Anmeldung verlangt, die das automatisierte Spammen durch Programme verhindert.

Zu den bekanntesten Weblog-Services zählen Blogger (**www.blogger.com**), TypePad (**www.sixapart.com/typepad**) und Blog (**www.blog.de**). Oft ist eine Basisnutzung des Weblog-Dienstes kostenlos. Erweiterte Funktionen wie Autorenverwaltung, statistische Auswertungen oder Datenexport sind dann gegen Aufpreis erhältlich.

Einzelne Weblogs haben inzwischen große Bekanntheit in der Blogosphäre und teilweise darüber hinaus erreicht. Ihre Autoren werden A-Blogger genannt, wobei es keine allgemein akzeptierte Definition oder Metrik gibt, um den Status eines Bloggers zu bestimmen. Es werden Hitlisten z. B. nach der täglichen Anzahl der Besucher des Weblogs oder nach der Anzahl der Verweise anderer Weblogs auf das Weblog erstellt. Aufgrund der starken Vernetzung erreichen Beiträge dieser Weblogs oft hohe Plätze in den Suchtrefferlisten von Google.

3.2 Technische Voraussetzungen

Zwei technische Varianten bieten sich für den Betrieb eines Weblogs an (vgl. Westner 2005). Zum einen kann die notwendige Software auf einem eigenen Server betrieben werden, zum anderen kann der Dienst eines Weblogs-Services in Anspruch genommen werden.

Weblogs sind in technischer Hinsicht eine Sammlung von Skripten, die auf einem Webserver installiert ist und dort die verschiedenen Funktionen eines Weblogs bereitstellt. Als Skripte bezeichnet man Programme, die in einer Skriptprogrammiersprache (z. B. Perl, PHP oder Python) geschrieben sind und deren Quellcode übersetzt und sofort ausgeführt (Fachausdruck: interpretiert) wird, ohne dass aus dem Quellcode zunächst ein Objektcode entstehen (Fachausdruck: kompiliert) würde. Die Inhalte eines Weblogs sind meist in einer Datenbank gespeichert, die mit Hilfe der Skripte angesprochen werden kann. Diese Variante erfordert für die Installation, Konfiguration und Administration des Webservers, der Weblog-Skripte und der Datenbank technische Fachkenntnisse. Dadurch bietet sie aber gleichzeitig die volle Kontrolle über die Funktionen, die Inhalte und das Erscheinungsbild eines Weblogs.

Die Open Source Software Wordpress setzt bspw. einen Webserver mit PHP-Unterstützung und eine MySQL-Datenbank voraus. Die kostenpflichtige Software Movable Type (**www.movabletype.org**) dagegen setzt auf die Skriptsprache Perl in Verbindung mit einer Open Source Datenbank wie MySQL, PostgreSQL oder SQLite. Ein guter Überblick über die Funktionen von über 30 Weblog-Systemen findet sich unter **http://unblogbar.com/software**.

Alternativ dazu stellen Weblog-Services schlüsselfertige und sofort einsetzbare Softwarelösungen im Internet bereit. In funktionaler Hinsicht gleichen die meisten Weblog-Services den gängigen Weblog-Skripten. Ihr wesentlicher Vorteil besteht darin, dass keine technischen Fachkenntnisse für den Betrieb eines Weblogs von Nöten sind. Für die einmalige Einrichtung stehen komfortable Benutzeroberflächen zur Verfügung, die auch technisch wenig versierten Benutzern erlauben, innerhalb von wenigen Minuten ein Weblog einzurichten. Die entsprechenden Nachteile sind die eingeschränkten Konfigurationsmöglichkeiten, so dass etwa die Einhaltung von Unternehmensrichtlinien für das Erscheinungsbild von Webseiten nicht gewährleistet ist. Zudem ist die Datensicherung und Datensicherheit bei einem Betrieb auf einem fremden Server oft nicht vertraglich zugesichert.

3.3 Beispiele aus der Unternehmenspraxis

Neben klassischen Medien wie Fernsehen und Presse stellt die Blogosphäre einen zunehmend wichtigen Faktor im öffentlichen Meinungsbildungsprozess dar. Das Aufsehen erregende Beispiel des Klingeltonanbieters Jamba verdeutlich dies trefflich (vgl. Fischer 2006). Ende des Jahres 2004 veröffentlichte das Weblog Spreeblick (**www.spreeblick.com**) einen Beitrag über die umstrittenen Geschäftspraktiken von Jamba. Innerhalb weniger Tage verzeichnete der Beitrag zahlreiche Kommentare und Trackbacks. Ein Teil der anonym hinterlassenen Kommentare verteidigte dabei das Unternehmen. Nachdem sich herausstellte, dass diese Kommentare von Jamba-Mitarbeitern geschrieben wurden, äußerten sich immer mehr Weblogs negativ nicht nur über die Geschäftspraktiken von Jamba, sondern auch über das Verhalten der Mitarbeiter an sich. Eine Woche nach Erscheinen des ursprünglichen Spreeblick-Beitrags gab der Pressesprecher von Jamba eine offizielle Stellungsnahme zum Verhalten der Mitarbeiter ab. An dieser Stelle griffen Tages- und Wochenzeitungen die Diskussion erneut auf. Jamba musste aus der Diskussion in Online- und Offline-Medien deutliche Reputationsverluste hinnehmen. Die Geschäftspraktiken wurden sogar im Bundestag diskutiert, weil sich besonders viele Kinder die Klingeltöne herunterladen. Noch heute, über zwei Jahre nach der Diskussion in der Blogosphäre, listet die Suchmaschine Google auf die Anfrage nach Jamba das Spreeblick-Weblog unter den ersten Treffern.

Corporate Weblogs sind inzwischen in Unternehmen aller Größen vertreten. Sie richten sich an die eigenen Mitarbeiter, wie sie Siemens einsetzt, informieren ausgewählte Geschäftspartner und Kunden, eine Möglichkeit die SAP für sich in Anspruch nimmt, oder dienen der öffentlichen Kommunikation mit dem breiten Publikum der Internetbenutzer, wie es FRoSTA praktiziert.

Der Vorstandsvorsitzende der Siemens AG, Klaus Kleinfeld, berichtete ab Ende Februar 2005 einmal in der Woche in seinem Weblog für Mitarbeiter über neue Technologien, Trends und Innovationen. Laut Unternehmensangaben besuchten das Weblog bis zu 30.000 Mitarbeiter pro Monat. Mit rund 1.000 Zugriffen pro Tag erreichte Kleinfeld damit mehr Leser als viele nach außen gerichtete Corporate Weblogs. Bis zu 70 Kommentare verzeichnete beinahe jeder Weblogbeitrag, wobei Kleinfeld auf Kommentare direkt reagierte. Dies macht deutlich, welchen Stellenwert die Kommunikationsform Weblog bei Siemens einnimmt. Siemens versucht daneben, Weblogs als Kommunikationsmedium im ganzen Unternehmen zu etablieren. Eine Initiative im Jahr 2006 stellte jedem Mitarbeiter in Deutschland versuchsweise ein Weblog für 100 Tage zur Verfügung. Inzwischen führen etwa 200 Mitarbeiter ein internes Weblog.

Ein gutes Beispiel eines Unternehmensweblogs bietet FRoSTA (**www.frosta-blog.de**). Hier berichten seit Mitte des Jahres 2005 Mitarbeiter aus verschiedenen Abteilungen und der Geschäftsleitung über die Marke FRoSTA (siehe Abb. 3.4).

Abb. 3.4 FRoSTA Blog

Über die Kommentarfunktion ermöglicht das Unternehmen den Lesern, in direkten Kontakt mit den Mitarbeitern zu treten, was auch häufig in Anspruch genommen wird. Auch die Trackbacks einiger Beiträge führen zu regen Diskussionen in der Blogosphäre. Mehr als 30 Mitarbeiter sorgen für die Aktualisierung des Weblogs mehrere Male pro Woche.

Insbesondere für KMU, die in speziellen Marktsegmenten tätig sind, können Weblogs von Vorteil sein. So liefert das Unternehmen Soli fer Solardach GmbH in seinem Weblog (**www.solifer.de**) regelmäßig Informationen aus der Solarbranche. Der „Shopblogger" Björn Harste schreibt „Verrücktes und Bemerkenswertes" (**www.shopblogger.de**) aus dem von ihm geführten SPAR Supermarkt in Bremen und erreicht damit eine über die Umgebung weit hinausreichende Aufmerksamkeit. Die Kelterei Walther berichtet Alltägliches und Außergewöhnliches in ihrem Saftblog (**www.saftblog.de**) und tritt dabei in direkten Kontakt mit ihren Kunden (siehe Abb. 3.5).

Abb. 3.5 Saftblog der Kelterei Walther

Diese und andere KMU setzen Weblogs in erster Linie zur persönlichen Information von und Kommunikation mit ihren Kunden ein. Sie sehen sich als Teil der Blogosphäre und gestalten den öffentlichen Meinungsbildungsprozess im Hinblick auf ihr Unternehmen aktiv mit, wie gut an den Kommentaren und Trackbacks der jeweiligen Weblogs zu erkennen ist. Ebenso verlinken sich immer mehr Unternehmen untereinander, wie die Blogrolls eindeutig zeigen, und bauen so Unternehmensnetzwerke in der Blogosphäre auf.

Da A-Blogger als Meinungsführer angesehen werden, versuchen manche Unternehmen diese, i. d. R. gegen Entgelt, für Marketingzwecke einzusetzen. Das sollte jedoch mit viel Bedacht und Vorsicht geschehen, da dies evtl. auch negative Auswirkungen haben kann, wie das Beispiel des Automobilherstellers Opel zeigt. Opel überließ im Mai 2006 einigen A-Bloggern für den Zeitraum von einem Monat ein Fahrzeug der Marke zur Probefahrt, um so die Diskussionen in der Blogosphäre positiv zu beeinflussen. Letztendlich trat allerdings genau das Gegenteil ein und die Marke wurde in vielen Diskussionen regelrecht verrissen.

3.4 Nutzung durch KMU

Corporate Weblogs lassen sich prinzipiell der internen oder der externen Unternehmenskommunikation zuordnen. Damit sind sie einerseits Informationsplattformen für und von Mitarbeitern, andererseits Instrumente für Marketing und Öffentlichkeitsarbeit. Das FRoSTA-Weblog ist ein Beispiel für externe Unternehmenskommunikation, das über die Marke FRoSTA informiert, Themen besetzt und Beziehungen pflegt (vgl. Schmidt 2006, Zerfaß 2005).

Gerade im öffentlichen Raum des Internets bieten Corporate Weblogs offensichtliche administrative und kommunikative Vorteile gegenüber einer traditionalen Website (vgl. Eck 2006; Przepiorka 2006):

- **Schnelle Information.** Die Veröffentlichung von Informationen in einem Weblog ist um ein Vielfaches schneller als dies in Büchern, Fachzeitschriften oder Zeitungen möglich ist. Kommentare und Trackbacks helfen darüber hinaus einem Unternehmen, Kritik oder Lob der Leser unmittelbar zur Kenntnis zu nehmen und entsprechend schnell zu reagieren.

- **Einfache Bedienung.** In der Regel übernimmt eine webbasierte Software die Veröffentlichung und Verwaltung von Beiträgen eines Weblogs. Die Funktionen der Software sind schnell zu erlernen und leicht zu bedienen. Damit können sich Autoren vollständig auf die Erstellung qualitativ hochwertiger Inhalte konzentrieren.

- **Kostengüngstiger Betrieb.** Die meiste für den Betrieb eines Weblogs notwendige Software ist als Open Source, oft unter der General Public License (GPL), im Internet frei erhältlich. Die GPL ist eine Lizenz, die den Einsatz von Software auch für kommerzielle Zwecke erlaubt. Private Anwender erhalten meist sogar kostenlosen Webspace, vorausgesetzt sie akzeptieren Werbung durch den Anbieter. Unternehmen benötigen allenfalls einen eigenen oder angemieteten Server.

- **Ortsunabhängige Nutzung.** Weblogs können mit allen gängigen Browsern genutzt werden, sei es von zu Hause aus, vom Arbeitsplatz in einem Unternehmen oder von einem Internetcafé auf einer Reise. Inzwischen ist es sogar ohne großen Aufwand möglich, Beiträge von einem Mobiltelefon direkt in einem Weblog zu veröffentlichen.

Neben den genannten Vorteilen gibt es auch Nachteile, die vor allem auf Corporate Weblogs zutreffen (vgl. Przepiorka 2006):

- **Verrat von Betriebsgeheimnissen.** Weblogs geben die subjektiven Meinungen ihrer Autoren wieder. Kommentare und Trackbacks zu Beiträgen veranlassen die Autoren oft, ihre Meinung über die eigentliche Notwendigkeit hinaus zu verteidigen, was unter Umständen dazu führen kann, dass Betriebsgeheimnisse an die Öffentlichkeit gelangen. Ein vertrauensvoller Umgang mit dem Kommunikationsmedium Weblog ist für alle Autoren daher unerlässlich und sollte sich generell an bestehenden Betriebsvereinbarungen orientieren.

- **Imageschäden.** Weblogs sind in vielen Fällen stark untereinander vernetzt. Dies kann dazu führen, dass sich Informationen eines Weblogs innerhalb nur weniger Stunden durch zahlreiche Kommentare und Trackbacks in der Blogosphäre verbreiten. Die Schnelligkeit und Reichweite, mit der die Informationen sich verbreiten, kann dabei positiv wie negativ gewertet werden, je nach dem wie der ursprüngliche Weblogbeitrag aufgenommen und interpretiert wird. Negative Beispiele wie die Diskussion um das Gebührenmodell des Klingeltonanbieters Jamba (vgl. **www.spreeblick.de**) belegen den entstandenen Imageschaden (vgl. Fischer 2006).

- **Unkontrollierbarkeit.** Die Blogosphäre ist stark dezentral aufgebaut. Während Kommentare in einem Weblog noch vom Autor selbst verwaltet werden können, finden sich Trackbacks außerhalb seiner Kontrolle. Zahlreiche Suchmaschinen speichern außerdem Kopien von Webseiten in ihrem Archiv, so dass auf diese zugegriffen werden kann, auch wenn die Originalseite schon seit Längerem nicht mehr existiert. Einmal veröffentlichte Beiträge eines Weblogs sind damit unkontrollierbar. Auch hier kann nur ein vertrauensvoller Umgang mit dem Kommunikationsmedium Weblog Vorsorge schaffen.

Um Weblogs in Unternehmen einzuführen, bedarf es keines großen Projekts, da zumeist nur einzelne oder wenige Mitarbeiter zunächst das Medium nutzen. Diese sollten allerdings vom Beginn des Projekts an eingebunden sein. Vor der Einführung von Weblogs gilt es, eine Reihe wichtiger Aspekte zu berücksichtigen:

- **Zielgruppe.** Weblogs dienen einem bestimmten Unternehmenszweck und zielen damit auf eine entsprechende Leserschaft. Im Rahmen der internen Unternehmenskommunikation werden so die Mitarbeiter angesprochen, wogegen sich Weblogs als Teil des externen Unternehmensauftritts vor allem an die Kunden richten.

- **Autoren.** Weblogs sind gerade durch die Individualität und Subjektivität ihrer Beiträge geprägt. Als Autoren kommen grundsätzlich alle Mitarbeiter des Unternehmens in Frage, wobei insbesondere Beiträge von Mitgliedern der Geschäftsführung auf Interesse stoßen sollten. Für den Fall, dass kein Mitarbeiter über einen wünschenswerten Schreibstil verfügt, bieten viele bekannte Blogger inzwischen auch Unternehmen ihre Unterstützung an. Weiterhin kann auch Kunden des Unternehmens erlaubt werden, am Weblog mit eigenen Beiträgen oder Kommentaren aktiv teilzunehmen. Das erfordert Souveränität seitens des Unternehmens, die dann als Zeichen der Überzeugung von eigenen Produkten oder Dienstleistungen gewertet werden kann.

- **Rechte und Pflichten.** Auch im Umgang mit Weblogs unterliegen Mitarbeiter den im Unternehmen geltenden Pflichten und Rechten, die allgemein in Betriebsvereinbarungen festgehalten sind. Autoren übernehmen damit im Rahmen der internen Kommunikation die persönliche Verantwortung für ihre Beiträge. Im Hinblick auf Weblogs, die sich an die Öffentlichkeit richten, sind Unternehmen als solche für die Beiträge ihrer Mitarbeiter haftbar. Auch Äußerungen, die Mitarbeiter in der Blogosphäre hinterlassen, können als Unternehmenssicht interpretiert werden, wenn sich Mitarbeiter bewusst oder unbewusst als Unternehmensangehörige zu erkennen geben (z. B. durch Nutzung ihrer Firmen-E-Mail-Adresse). Aus den genannten Gründen sollten klare Regeln für das Mitarbeiter-Blogging festgelegt werden, die diesbezügliche Pflichten und Rechte konkretisieren. Sie können etwa die bestehenden Regeln zur Nutzung von Internet allgemein und E-Mail speziell ergänzen.
- **Themen.** In Abhängigkeit von der Zielgruppe und der Autorenschaft gestalten sich die Inhalte eines Weblogs. Hier kann fachlich und kompetent über Produkte und Dienstleistungen berichtet ebenso wie auf lockere und unterhaltsame Art und Weise Bezug zu aktuellen Entwicklungen am Markt genommen werden.
- **Regelmäßigkeit.** Die Attraktivität von Weblogs steigt mit der Häufigkeit neuer Beiträge. Unternehmen signalisieren durch regelmäßige Veröffentlichungen ihren Lesern Aktualität, zumal viele Leser Weblogs abonnieren und somit automatisch über neue Beiträge informiert werden. Weiterhin wirken sich regelmäßige Veröffentlichungen positiv auf die Wahrnehmung des Weblogs in Suchmaschinen aus.
- **Präsentation.** Weblogs können eigenständig oder Teil des Unternehmensauftritts sein. Gegebenenfalls muss das äußere Erscheinungsbild des Weblogs angepasst werden. Im Hinblick auf einzelne Beiträge können neben Texten auch Fotos, Grafiken, Audio- und Videopodcasts in Weblogs eingebunden werden. Die Frage nach der Präsentationsform ist dabei abhängig von Inhalt und Technik.

- **Redaktion.** Autoren sind in erster Linie verantwortlich für ihre Beiträge. Die Beantwortung von Kommentaren und Trackbacks nimmt jedoch u. U. beträchtliche Zeit in Anspruch, so dass es sich lohnen kann, einen Mitarbeiter mit Aufgaben der Redaktion zu betrauen.
- **Technik.** Bei einem selbst verwalteten Weblog muss die Software installiert, konfiguriert und aktualisiert werden.

Sowohl interne wie auch externe Weblogs bieten kleinen und mittleren Unternehmen neue Möglichkeiten der Kommunikation. Von Bedeutung ist letztlich nicht alleine die regelmäßige Veröffentlichung von Beiträgen, sondern auch die Überwachung der Reaktionen aus der Leserschaft. Ebenso wie Marketingmaßnahmen überwacht werden, müssen Stimmen aus der Blogosphäre gehört werden. Die Überwachung darf sich nicht nur auf Reaktionen auf eigene Veröffentlichungen beschränken, sondern muss auf das generelle Beobachten fremder Weblogs mit Bezügen zum eigenen Unternehmen ausgeweitet werden. Blogger können über Erfahrungen mit den Produkten des Unternehmens oder der Konkurrenz berichten, alles potentiell wertvolle Informationen. Man fasst diese ständige Beobachtung unter dem Schlagwort Weblog Monitoring zusammen. Relevante fremde Weblogs können am einfachsten per RSS abonniert werden, um so die dortigen Diskussionen zu verfolgen. Weiterhin bieten Suchmaschinen wie Technorati (**www.technorati.com**), Feedster (**www.feedster.com**) und Bloglines (**www.bloglines.com**) eine automatisierte Stichwortsuche in Weblogs an, die sich ebenfalls per RSS abonnieren lässt. Die Liste der abonnierten Stichworte, nach denen Ausschau in Weblogs gehalten wird, bezeichnet Technorati als Watchlist. Abb. 3.6 zeigt aktuelle Weblogbeiträge, die das Stichwort Solarenergie enthalten.

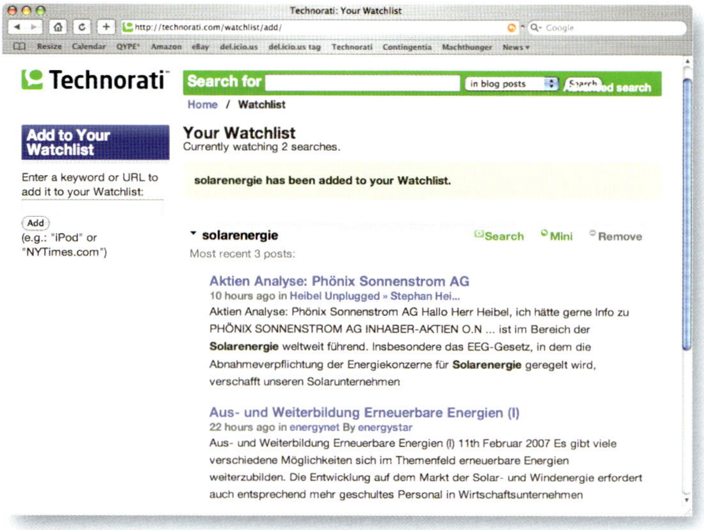

Abb. 3.6 Technorati Watchlist

Mit Monitoring lassen sich evtl. auftretende „Flammen" schnell erkennen und beheben, bevor sie zu einem „Großfeuer" ausufern. Das Behandeln von Problemen wird als Issue Management bezeichnet. Bei der Reaktion auf fremde Weblogbeiträge, Kommentare und Trackbacks muss allerdings vorsichtig agiert werden. Es empfiehlt sich auf keinen Fall, Mitarbeiter antworten zu lassen, ohne dass sie sich als solche zu erkennen geben. Die Verbindung zum Unternehmen lässt sich meistens herausfinden und die Beiträge werden dann als ein Manipulationsversuch gewertet, der u. U. zu mehr negativen Schlagzeilen als das ursprüngliche Problem selbst führen kann. Weblog Monitoring ist ein wichtiger Bestandteil im Prozess der Öffentlichkeitsarbeit und sollte als Teil der Internet-Kommunikation betrachtet werden. Denn nur im Dialog entfalten Weblogs ihre Vorteile gegenüber traditionellen Websites.

4 Podcasts und mehr – Publikation von Audiodateien, Bildern und Videos

Unternehmen setzen zunehmend auf eine multimediale Präsenz im World Wide Web. Neben Texten präsentieren sie bspw. Audioaufzeichnungen von Interviews mit der Geschäftsleitung, Bilder aus der Entwicklungsabteilung und Videos der Aktionärsversammlung. In der Regel werden diese digitalen Inhalte professionell produziert und nahtlos in unternehmenseigene Websites eingebunden.

Auch im privaten Bereich nimmt die Nutzung von Multimedia zu. Hobbyreporter bieten eigene Radiobeiträge an, Eltern stellen Fotoalben ihrer Kinder für Freunde und Verwandte bereit und Jugendliche tauschen Videobotschaften aus. Im Gegensatz zu Unternehmen halten jedoch die wenigsten privaten Haushalte Audiodateien, Bilder und Videos selbst vor. Sie nutzen hierfür die Funktionen von Multimedia-Netzwerken wie Switchpod (**www.switchpod.com**), Flickr (**www.flickr.com**) und YouTube (**www.youtube.com**).

4.1 Funktionen von Multimedia-Netzwerken

Multimedia-Netzwerke bieten ihren Benutzern drei grundsätzliche Funktionen: Das (1) Veröffentlichen, (2) Verwalten und (3) Vernetzen digitaler Medien (Audio, Foto, Video). Bevor jedoch auf diese Funktionen näher eingegangen wird, müssen einige Begrifflichkeiten in Verbindung mit diesen Medien kurz erläutert werden.

Eine Serie von radioähnlichen Audiosendungen bezeichnet man als Podcast. Der Begriff Podcast setzt sich dabei aus dem Namen des populären MP3-Players iPod und dem englischen Begriff Broadcast (Rundfunk) zusammen. Ein Video-Podcast ist dementsprechend eine Serie von Videosendungen, die mit einer Sendereihe im Fernsehen verglichen werden kann. Die Produktion und Distribution von Audio- oder Videodateien über das Internet ist als Podcasting bekannt. Podcasts können zum einen aus dem Internet empfangen und gleichzeitig wiedergegeben werden (Streaming). Die dazu nötige Software ist auf vielen Computern bereits vorinstalliert (z. B. Windows Media Player) bzw. im Internet kostenlos erhältlich

(z. B. iTunes). Podcasts können aber auch mit Hilfe spezieller Programme (sog. Podcatcher) zunächst auf einem Computer lokal gespeichert und im Anschluss daran auf ein mobiles Endgerät wie ein Mobiltelefon oder einen MP3-Player übertragen werden. Damit ist im Gegensatz zu Radio und Fernsehen auch ein zeitversetzter Konsum möglich.

Alle Multimedia-Netzwerke verlangen zunächst, dass sich die Benutzer registrieren. Die Registrierung ist meist kostenlos und verlangt lediglich eine gültige E-Mail-Adresse. Vereinzelt ist auch die Angabe von Informationen wie Name und Anschrift nötig. Dies ist insbesondere der Fall, wenn Netzwerke für erweiterte Funktionen eine Gebühr erheben. Bspw. stellt Switchpod seinen Benutzern 200 Megabyte (MB) Speicherplatz für Podcasts kostenlos zur Verfügung. Mehr Speicherplatz ist gegen monatliche Gebühren von $5 (500 MB), $10 (1000 MB) bzw. $30 (2000 MB) erhältlich. Flickr dagegen bietet unbegrenzten Speicherplatz für Fotos. Mit einem kostenlosen Benutzerkonto können jedoch maximal 100 MB an Fotodateien pro Monat im Netzwerk bereitgestellt werden. Gegen eine jährliche Gebühr von $24,95 ist ein professionelles Benutzerkonto ohne diese Restriktionen erhältlich. YouTube bietet ebenfalls unbegrenzten Speicherplatz für Videos. Hier darf eine einzelne Videodatei nicht mehr als 100 MB groß sein und nicht mehr als 10 Minuten Spielzeit aufweisen. Regisseure, Musiker und Komödianten können kostenlose Benutzerkonten beantragen, die diese Restriktionen nicht beinhalten.

Gespeicherte Audio-, Bild- und Videodateien erhalten eine eigene Internetadresse und lassen sich so direkt im Browser aufrufen bzw. in eine eigene Website einbauen. Multimedia-Netzwerke bieten außerdem an, dass Benutzer über neu veröffentlichte Medien mit Hilfe von RSS automatisch benachrichtigt werden können. Diese Funktion machen sich gerade Podcatcher zu Nutze, um die neuesten Episoden eines Podcasts automatisch aus dem Internet herunterzuladen. Viele Privatpersonen abonnieren so aber auch die Fotoalben von Familienmitgliedern und Videos von Freunden.

Bei der Verwaltung digitaler Medien im Internet wird zunehmend Abstand von einer hierarchischen Kategorisierung (Taxonomie) genommen, wie man sie u. a. von der Dateiverwaltung in Verzeichnisstrukturen kennt. Stattdessen setzen Multimedia-Netzwerke auf das sog. Tagging, womit man die Zuweisung von selbst gewählten Schlagworten (Tags) zu einem Objekt bezeichnet. Am Beispiel der Verwaltung digitaler Fotos lässt sich der Unterschied zwischen Kategorisierung und Tagging verdeutlichen. Fotos werden oft in komplizierte Verzeichnisstrukturen einsortiert, um sie so zu einem späteren Zeitpunkt wieder aufzufinden. Sucht man etwa nach einem bestimmten Urlaubsfoto, das im vergangenen Sommer am Nordseestrand aufgenommen wurde, dann findet man es u. U. in einem Verzeichnis mit der Bezeichnung Urlaub, welches ein weiteres Unterverzeichnis mit der Bezeichnung Nordsee enthält. Dem gleichen Urlaubsfoto können aber auch einfach die Tags Urlaub, Nordsee und Strand zugewiesen werden, so dass man es bei einer entsprechenden Suche nach eben diesen Schlagwörtern wieder findet, ohne dessen genauen Aufbewahrungsort zu kennen. Der Vorteil des Tagging ist, dass Objekte sich nach verschiedenen Kriterien implizit gruppieren lassen, statt in einer bestimmten Unterkategorie verankert zu sein.

Durch gemeinsames Tagging der Benutzer eines Multimedia-Netzwerkes entstehen Sammlungen von Tags, die man im Gegensatz zu Taxonomien als Folksonomys bezeichnet. Die visuelle Darstellungsform einer Folksonomy ist häufig eine Wortwolke (Tag Cloud). Abb. 4.1 zeigt die am häufigsten vergebenen Tags aller Benutzer von Flickr zu einem gegebenen Zeitpunkt.

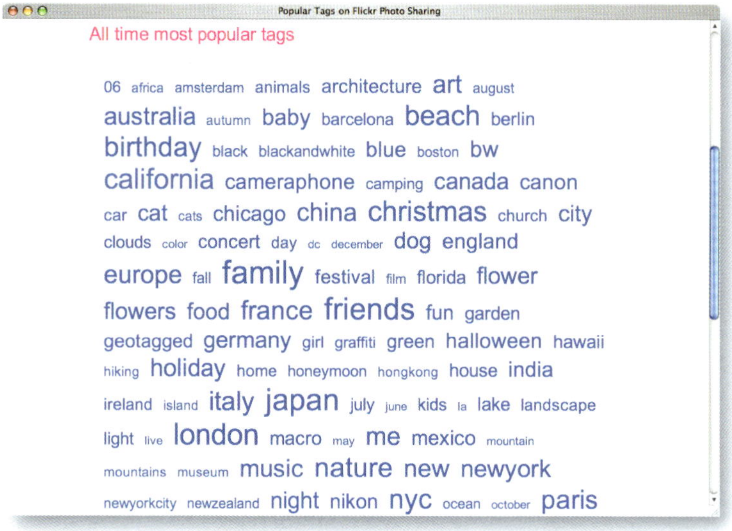

Abb. 4.1 Wortwolke auf Flickr

Die Größe des jeweiligen Tags gibt dabei die Häufigkeit der Vergabe an. Dementsprechend gibt es bei Flickr offensichtlich mehr Familienfotos (family) als Fotos von Hochzeitsreisen (honeymoon).

Tags dienen nicht allein der einfacheren Verwaltung digitaler Medien, sie tragen auch wesentlich zu deren Vernetzung bei. Einzelne Tags lassen sich per RSS abonnieren, so dass man ständig über neu veröffentlichte Podcasts, Bilder oder Videos zum ausgewählten Schlagwort informiert wird. Tagging ist die am weitesten verbreitete Art, die Inhalte dieser Medien zu beschreiben. Um eine optimale Nutzung zu gewährleisten, gilt es einige Regeln zu befolgen:

- **Einheitlichkeit von Tags.** Tags sollten immer einheitlich entweder im Singular oder im Plural angegeben werden, da die Suchfunktion von Multimedia-Netzwerken keine Stammwortreduktion oder ähnliche Verfahren beinhaltet. Auch wenn es Sinn macht, in einem Fall den Singular (ein Foto mit einem Hund) und im anderen Fall den Plural (ein Foto mit mehreren Hunden) zu nutzen, so hat es sich bewährt, Tags konsequent in einer einzigen Form zu nutzen. Man erspart sich damit nicht nur die jeweils neue Überlegung, ob nicht der Singular oder der Plural besser passt, sondern erleichtert sich und anderen auch die spätere Suche. Gleiches gilt für den Umgang mit Abkürzungen (IE oder Internet Explorer) und Bindestrichen (Weblog-Software oder WeblogSoftware).

- **Eindeutigkeit von Tags.** Das Tag Blog beschreibt in ausreichendem Maße eine tagebuchähnliche Website. Zusätzliche Tags wie Weblog, Blogging und Blogger überlappen zu sehr, als dass sie näher über die Inhalte von Medien informieren. Weiterhin sollten Tags mit Mehrfachbedeutung vermieden werden (z. B. Bank zum Sitzen vs. Bank für Geldgeschäfte).
- **Relative Tags.** Tags mit relativem Bezug sollten vermieden werden. Die Beschreibung von Fotos mit Tags wie letztes Jahr, ich und zu Hause macht in vielen Fällen nur für den Fotografen selbst Sinn. Jahreszahlen, Personen- und Ortsnamen stellen sicher, dass auch andere Personen die jeweiligen Inhalte der Fotos identifizieren können.
- **Falsche Tags.** Schreibfehler und inhaltliche Fehler in Tags führen dazu, dass Medien sich zu einem späteren Zeitpunkt u. U. nicht mehr auffinden lassen. Lautet ein Tag auf Produckt, dann wird es im Rahmen der Suche nach Produkt nicht angezeigt.
- **Anzahl an Tags.** Zu wenige Tags beschreiben digitale Medien meist nur ungenügend, wogegen zu viele Tags keinen eindeutigen Mehrwert mehr bieten. Praxiserfahrungen zufolge sollten zwischen drei und fünf Tags ausreichend sein.

Einzelne Multimedia-Netzwerke experimentieren bereits mit Verfahren der automatischen Bilderkennung, um so das Tagging für die Benutzer zu erleichtern; z. B. wenn einige Bilder mit einer Person mit einem Tag (etwa Name der Person) manuell versehen worden sind, können weitere Bilder von dieser Person automatisch mit gleichen Tags versehen werden. Multimedia-Netzwerke dienen nicht allein der Veröffentlichung, Verwaltung und Vernetzung digitaler Medien. Ihren Benutzern sind i. d. R. die Möglichkeiten gegeben, Podcasts, Bilder und Videos auch zu bewerten und zu kommentieren.

Die meisten Multimedia-Netzwerke untersagen die kommerzielle Nutzung ihrer Dienste. So dürfen Unternehmen bei Flickr keine Produktbilder bereitstellen. YouTube erlaubt es, kommerzielle Videos zu veröffentlichen, behält sich aber wie auch bei privaten Videos vor, diese ohne Nachfrage beim Inhaber der Urheberrechte für eigene Zwecke einzusetzen. Soweit die vertraglichen Klauseln eine kommerzielle Nutzung nicht ohnehin ausdrücklich untersagen, machen sie die Nutzung der Multimedia-Netzwerke für Unternehmen zumindest unattraktiv. Dennoch gibt es durchaus Beispiele von Unternehmen, die Flickr, YouTube u. ä. Dienste erfolgreich für ihre Zwecke eingesetzt haben (vgl. Abschnitt 4.3).

4.2 Technische Voraussetzungen

Podcasts, Bilder und Videos können auf unterschiedliche Art und Weise produziert werden. Im einfachsten Fall benötigt man zum Podcasting nur einen Computer, ein Mikrofon und ein Aufnahmeprogramm (das z. B. in Windows enthalten ist). Für die Aufnahme von Bildern und Videos kommen digitale Foto- und Videokameras und neuere Mobiltelefone mit entsprechenden Funktionen in Frage. Professionelle Lösungen verlangen dagegen nach hochwertiger Audio, Bild- und Videotechnik. Die meisten Unternehmen überlassen jedoch die Produktion professioneller Podcasts, Bilder und Videos spezialisierten Dienstleistern.

Um einen Podcast zu erstellen, muss zunächst der Beitrag (Sprache, Musik, Soundeffekte) aufgenommen werden. Wie bereits angedeutet, kann dies einfach mit einem Mikrofon geschehen, das an einen Computer angeschlossen ist. Viele Mobiltelefone und MP3-Player bieten ebenfalls eine Aufnahmefunktion. Mit Hilfe spezieller Software wie Audacity **(http://audacity.sourceforge.net)** oder Garage Band **(www.apple.com/de/ilife/garage-band)** kann die Audioaufnahme auch ohne technische Fachkenntnisse nachbearbeitet werden. U. a. lassen sich so die Sprachgeschwindigkeit einstellen, Höhen und Tiefen anpassen, Hintergrundgeräusche hinzufügen und Radiojingles einbinden (siehe Abb. 4.2).

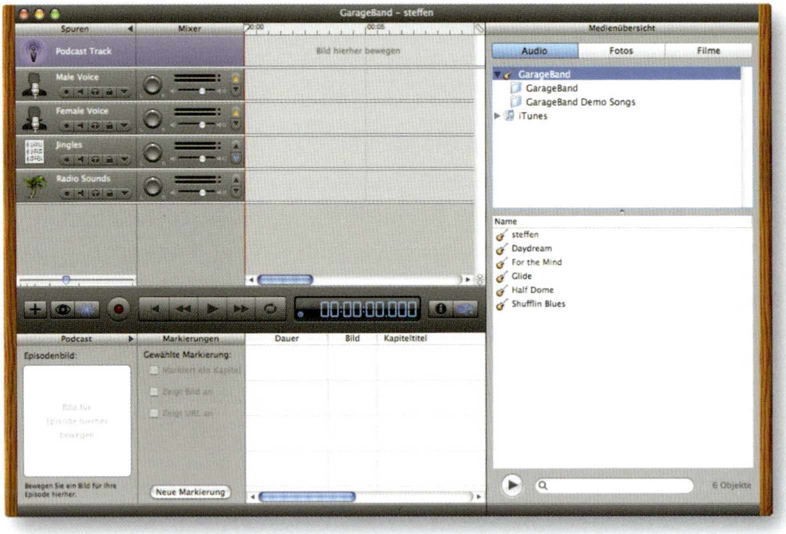

Abb. 4.2 Podcasting mit Garage Band

Die Software komprimiert die Audioaufnahme in ein platzsparendes Format wie MP3, AAC oder OGG. Die resultierende Audiodatei kann dann automatisch von der Software oder manuell vom Benutzer selbst im Internet veröffentlicht werden.

Ein Video-Podcast bzw. ein einzelnes Video kann im Prinzip auf gleiche Art und Weise erstellt werden. Es wird jedoch zusätzlich eine Web- oder Videokamera benötigt. Zur Nachbearbeitung der Videoaufnahme eignen sich bspw. Windows Movie Maker (**www.microsoft.com/germany/windows/StarteEtwas/moviemaker**) oder iMovie (**www.apple.com/de/ilife/imovie**). Multimedia Netzwerke wie YouTube und das deutschsprachige Pendant MyVideo (**www.myvideo.de**) akzeptieren unter anderem die Container- und Datenformate AVI, MOV, MPG, RM und WMV. Diese Videodateien können ganz einfach mit Hilfe eines Webformulars ins Netzwerk hochgeladen werden (siehe Abb. 4.3).

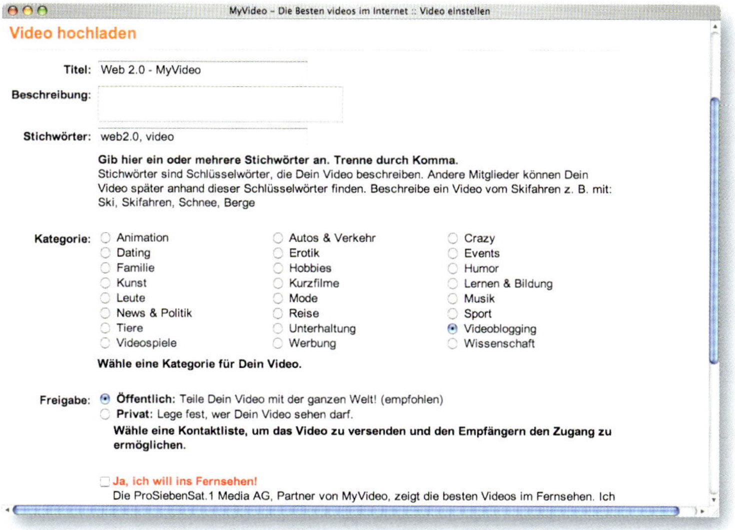

Abb. 4.3 Einstellen eines Videos bei MyVideo

Dem Benutzer wird die Möglichkeit geboten, sein Video mit einem Titel, einer kurzen Beschreibung und Schlagwörtern (Tags) zu versehen. Außerdem kann er das Video einer vorgegebenen Kategorie zuordnen und bestimmen, ob es öffentlich zugänglich sein soll oder nur von ausgesuchten Verwandten, Freunden und Bekannten gesehen werden darf.

Nach dem Hochladen konvertieren die Multimedia-Netzwerke das Video in ein Format, das als Flash bekannt ist, und stellen es unter einem Hyperlink dem Benutzer zur Verfügung. Um Videos direkt in einem Webbrowser abspielen zu können, muss der kostenlos erhältliche Adobe Flashplayer (**www.adobe.de**) installiert sein. Flash zeichnet sich vor allem dadurch aus, dass es plattformübergreifend eingesetzt werden kann und neben dem Flashplayer keine weitere Software benötigt. Ein gravierender Nachteil ist jedoch die Qualität der Videos. Mit einer Standardauflösung von 320 x 240 Pixeln entspricht sie gerade einmal den Displays moderner Mobiltelefone. Videos in einer höheren Auflösung werden bei der Konvertierung in Flash herunterskaliert. Qualitativ bessere Videos in anderen Formaten müssen von Unternehmen selbst bereitgestellt werden.

Digitale Kameras und Mobiltelefone mit Fotofunktion erreichen inzwischen eine derart große Verbreitung in der Bevölkerung, dass an dieser Stelle auf eine gesonderte Erläuterung verzichtet wird. Mit Hinblick auf die Funktionen von Multimedia-Netzwerken ist etwa das Veröffentlichen von Bildern ohnehin vergleichbar mit den bereits beschriebenen Beispielen.

4.3 Beispiele aus der Unternehmenspraxis

Die kommerzielle Nutzung von Multimedia-Netzwerken steht noch in ihren Anfängen. Dennoch gibt es erste Beispiele von Unternehmen, die gerade Podcasts für ihre Zwecke erfolgreich einsetzen, auch wenn diese nur selten über Multimedia-Netzwerke verbreitet werden.

So informieren bspw. die Podcasts von Siemens (**www.siemens.de/podcast**) über Innovationen, Karrieremöglichkeiten und Ausbildungsgänge des Unternehmens. Die einzelnen Podcasts sind professionell produziert und sind Teil der Unternehmenspräsenz im Internet. Gegenüber Textbeiträgen bieten Podcasts vor allem die Möglichkeit des mobilen Konsums. Podcasts lassen sich automatisch auf Mobiltelefone und MP3-Player übertragen und damit auch ohne einen gegenwärtigen Internetzugang hören bzw. sehen. So können etwa Pendler und Reisende angesprochen werden, die mit einer vorwiegend auf Texten aufbauenden Website oder einem vergleichbarem Weblog nicht erreicht werden können.

Ein gutes Beispiel für den Einsatz von Video-Podcasts ist das Weblog des Automobilherstellers General Motors (**http://fastlane.gmblogs.com**). Für Produktpräsentationen produziert General Motors professionelle Videos, die es im Rahmen seines Weblogs bereitstellt. Zusätzlich bindet das Unternehmen YouTube-Videos ein, um so gezielt die Internetgemeinde anzusprechen (siehe Abb. 4.4).

Die YouTube-Videos sind zum größten Teil Live-Mitschnitte von Präsentationen auf Autoshows. Die Qualität entspricht keinen professionellen Ansprüchen, signalisiert aber Nähe zum Kunden, der ja oft selbst ein Teil von Multimedia-Netzwerken ist.

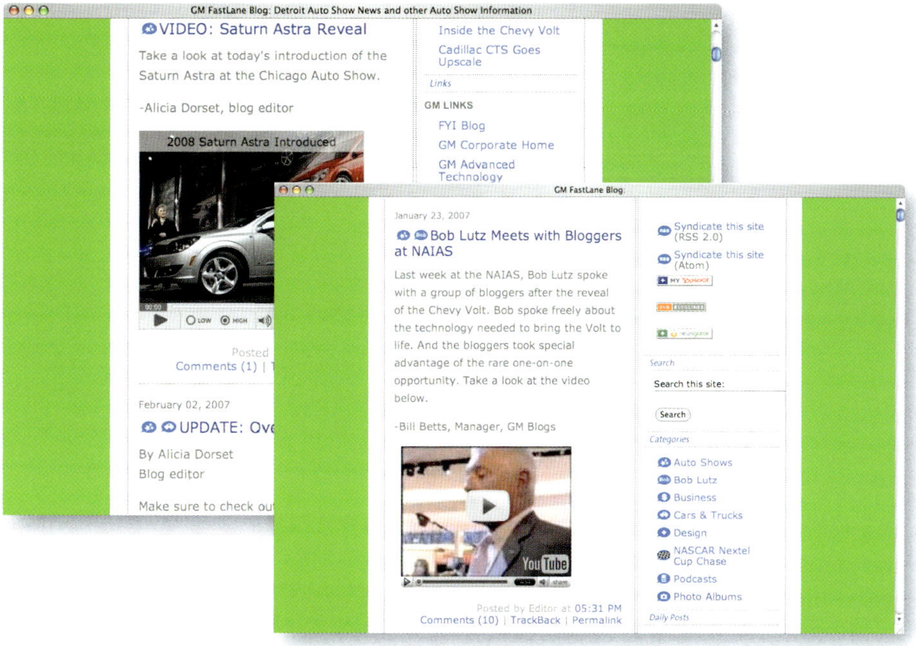

Abb. 4.4 Videos im GM Weblog

General Motors nutzt die Funktionen von YouTube nicht nur, um Videos in sein Weblog einzubinden, sondern auch, um vor allem mit Hilfe des Taggings diese Medien weitreichend bekannt zu machen. Sucht etwa ein Benutzer im YouTube-Netzwerk nach den Schlagwörtern Auto, Show und Saturn, dann findet er an oberster Stelle das Video, das auch im General Motors Weblog die neue Saturn-Produktlinie ankündigt.

Ein letztes Beispiel für die Nutzung von Video-Netzwerken bietet die zunehmende Anzahl an amerikanischen Immobilienmaklern, die virtuelle Haus- und Wohnungsrundgänge in YouTube bereitstellen und gleichzeitig in ihre Websites einbinden (z. B. **www.therealestatehomeshow.com**).

Der Kreativität sind an dieser Stelle keine Grenzen gesetzt und in vielen Fällen bedarf es keiner technisch hochwertigen Ausrüstung, um die Unternehmensziele zu unterstützen.

4.4 Nutzung durch KMU

Podcasts, Bilder und Videos nehmen in ihrer Bedeutung auch für KMU zu. In erster Linie gilt es, die bekannten Multimedia-Netzwerke im Hinblick auf das eigene Unternehmen, die Konkurrenz und den entsprechenden Markt zu beobachten. Die gezielte Art der automatisierten Überwachung wird unter dem Schlagwort Monitoring zusammengefasst, wie es schon von Weblogs her bekannt ist (vgl. Abschnitt 3.4). Sie sollte sich dabei auf Unternehmensnamen, Produkte und relevante Schlagwörter aus dem Bereich des Unternehmens beziehen, die sowohl in Tags als auch in Kommentaren vorkommen können. Während Tags über RSS abonniert werden können, müssen Kommentare über Suchmaschinen beobachtet werden.

Auch die aktive Teilnahme in den Netzwerken kann für Unternehmen sinnvoll sein, wobei die möglichen Restriktionen berücksichtigt werden müssen. Einerseits können so digitale Medien auf einfache Art und Weise veröffentlicht und verwaltet werden, andererseits bietet sich gerade die Vernetzungsfunktion an, um Aufmerksamkeit auf Marken, Produkte und Kampagnen zu lenken. Dabei setzt man auf die gezielte Streuung von Informationen in der Hoffnung, dass diese in der Gemeinschaft der Benutzer Anklang finden und sich letztendlich epidemisch, also wie ein Virus verbreiten. Diese systematische Unterstützung der Unternehmensziele mit Hilfe von Netzwerken ist als Virales Marketing bekannt. Insbesondere witzige Inhalte, z. B. Videos, werden gerne von Benutzern weiter verbreitet. Das Unternehmen kann den Inhalt auf seiner Website zur Verfügung stellen und das Kopieren des Inhalts erlauben. Die Verbreitung übernehmen dann die Benutzer der Multimedia-Netzwerke.

Multimediale Inhalte stellen einen Mehrwert für die Website oder das Weblog eines Unternehmens dar, selbst wenn sie nicht Eingang in die Multimedia-Netzwerke finden. Während die Verbreitung digitaler Medien über Multimedia-Netzwerke vor allem im Hinblick auf deren Reichweite nützlich erscheint, sind die technischen Restriktionen und eingeschränkten kommerziellen Nutzungsmöglichkeiten der Netzwerke Gründe, digitale Medien selbst bereitzustellen. Auf eine weitreichende Verbreitung muss auch in diesem Fall nicht generell verzichtet werden. Wenn die Botschaften in der Blogosphäre aufgegriffen werden (vgl. Abschnitt 3.1) oder auf die Inhalte durch Social Bookmarking verwiesen wird (vgl. Kapitel 5), können sie auch so ein großes Publikum erreichen.

5 Social Bookmarking - Lesezeichen und Nachrichten

Der Begriff Social Bookmarking beschreibt webbasierte Dienste, die ihren Benutzern die Verwaltung oder Veröffentlichung von Lesezeichen (Bookmarks) im WWW selbst ermöglichen. Die soziale Komponente besteht demnach in der gemeinsamen Sammlung von Lesezeichen auf einer zentralen Website, statt diese auf jedem einzelnen Computer lokal abzulegen. Dienste für Social Bookmarking lassen sich ihrer vorrangigen Funktion nach unterscheiden. Auf der einen Seite werden individuell verwaltete Lesezeichen zu einer Art kollektivem Katalog zusammengefasst, der damit die beliebtesten Websites der Benutzer reflektiert. Auf der anderen Seite werden Lesezeichen ähnlich den Schlagzeilen traditioneller Medien veröffentlicht, um so auf Neuigkeiten aufmerksam zu machen. Diese Variante wird auch speziell als Social Citing (frei übersetzt: gemeinsames Referenzieren) bezeichnet.

5.1 Funktionen von Social Bookmarking

Delicious (**http://deli.cio.us**), Furl (**www.furl.net**) oder der deutsche Dienst Mister Wong (**www.mister-wong.de**) bieten ihren Benutzern zunächst die Möglichkeit, Lesezeichen in Form von Hyperlinks auf einer persönlichen Webseite anzulegen. Hierzu ist eine kostenlose Registrierung für den jeweiligen Dienst nötig, die meist aber nur eine gültige E-Mail-Adresse verlangt. Die Lesezeichen lassen sich mit Schlagwörtern (Tags) und Notizen versehen, um so den Inhalt der Verweisziele im Rahmen einer Suche leichter identifizieren zu können. Die persönliche Webseite ist grundsätzlich öffentlich zugänglich, einzelne Lesezeichen können aber als privat gekennzeichnet werden und sind damit nur für den jeweiligen Benutzer sichtbar. Neben der eigentlichen Suche in der Liste der Lesezeichen erleichtert insbesondere die visuelle Darstellung mit Hilfe sog. Wortwolken (Tag Clouds) den Zugang zu den abgelegten Lesezeichen. Abb. 5.1 zeigt die am häufigsten vergebenen Tags der Benutzergemeinschaft von Mister Wong zu einem bestimmten Zeitpunkt (vgl. auch Abschnitt 4.1).

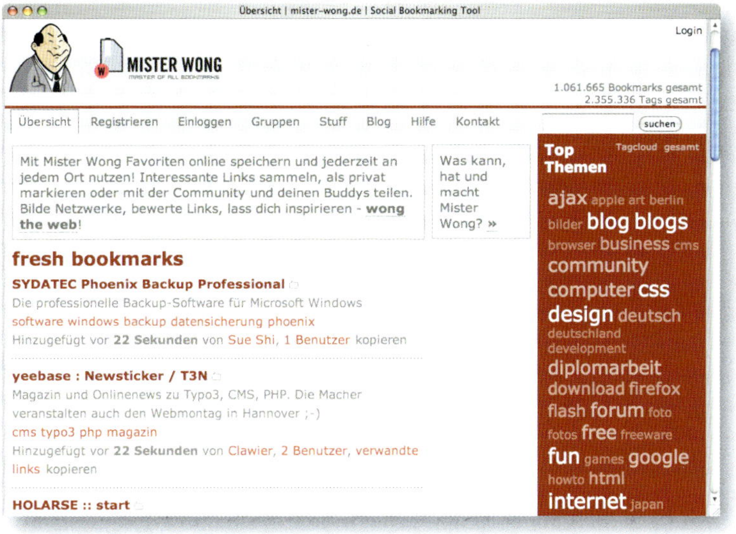

Abb. 5.1 Kollektive Lesezeichen bei Mister Wong

Die Verwaltung von Lesezeichen auf einer zentralen Website bietet für ihre Benutzer einen unmittelbaren Vorteil. Lokal abgelegte Lesezeichen stehen lediglich auf einem einzigen Computer zur Verfügung, wogegen die Dienste für Social Bookmarking einen plattformübergreifenden Zugriff auf die persönlichen Lesezeichen bieten. Ein Benutzer kann so bspw. von seinem Arbeitsplatz oder von zu Hause aus, aus einem Internetcafé während einer Urlaubsreise oder einfach mit einem internetfähigen Mobiltelefon jederzeit auf seine Lesezeichen zugreifen. Weiterhin können Benutzer ihre öffentlichen Lesezeichen auf einfachste Weise untereinander austauschen, indem sie gemeinsam ein Netzwerk bilden. Neben der eigenen Lesezeichenliste erhalten sie damit Zugang zu den Lesezeichen der anderen Mitglieder des Netzwerkes. Im Gegensatz zur implizierten Gruppierung von Lesezeichen mit Hilfe von Tags lassen sich so Lesezeichen explizit Personen zuordnen.

Die zweite Variante des Social Bookmarkings ist insbesondere durch die amerikanischen Dienste Digg (**http://digg.com**) und Reddit (**http://reddit.com**) bekannt geworden. Digg hat nach eigenen Angaben etwa eine Million registrierter Benutzer mit monatlichen Besucherzahlen in dreistelliger Millionenhöhe. Deutsche Pendants wie Colivia (www.colivia.de) befinden sich noch im Anfangsstadium bezüglich der Mitgliederzahlen. Im Vordergrund dieser Dienste steht die Veröffentlichung von Lesezeichen in Form von Nachrichten. Nachrichten sind traditionell eine journalistische Darstellungsform von Neuigkeiten. Digg, Reddit u.ä. Dienste bezeichnen sich selbst als Nachrichtenkanäle, obwohl die dort veröffentlichten Nachrichten nicht die Nachrichten selbst beinhalten, sondern lediglich aus einem Verweis auf eine Quelle im Internet (also dem Lesezeichen), einem kurzen Kommentar und einigen Schlagwörtern (Tags) bestehen. Der Verweis kann zu Nachrichten auf Websites traditioneller Medien (Presse, Fernsehen, Radio), zu Weblogbeiträgen oder einfach zu interessanten Websites führen. Zur Vereinfachung werden diese Verweise hier nachfolgend doch als Nachrichten bezeichnet. Sie werden ausschließlich von Benutzern der Dienste eingereicht und können daraufhin von anderen Benutzern gelesen, bewertet und weiterführend kommentiert werden. Mit zunehmender Anzahl an positiven Bewertungen wandern die jeweiligen Nachrichten in einer Liste der veröffentlichten Lesezeichen nach oben, gegebenenfalls bis auf die Startseite des Dienstes. Abb. 5.2 zeigt als Beispiel die Startseite von Colivia.

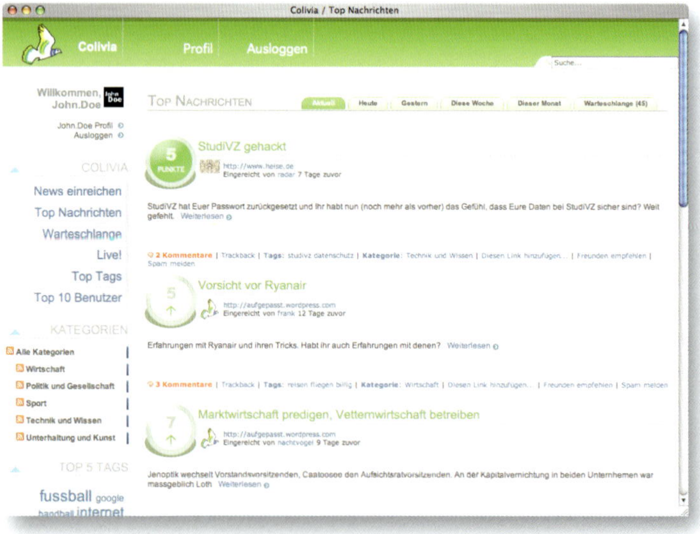

Abb. 5.2 Liste der Top-Nachrichten bei Colivia

Die Zahlen geben die Anzahl von Benutzern an, die für diese Nachricht bisher gestimmt haben, die Rangfolge wird jedoch aufgrund eines komplexeren Algorithmus berechnet, der u. a. das Alter der Nachricht und Karma (Ansehen) der Benutzer berücksichtigt. Obwohl es sich hier, wie oben erläutert, um keine vollwertigen Nachrichten handelt, tragen diese dennoch zur Diffusion von Neuigkeiten und Meinungsvielfalt bei, da Leser so auf Geschehnisse aufmerksam gemacht werden, auf die sie sonst nicht oder nicht mit persönlichen Kommentaren bereichert stoßen würden.

5.2 Nutzung durch KMU

Die Verwaltung von Lesezeichen auf einer zentralen Plattform bietet als Vorteil gegenüber der lokalen Ablage auf einem einzigen Computer den bereits erwähnten plattformübergreifenden Zugriff, so dass jeder Mitarbeiter eines Unternehmens seine persönlichen Lesezeichen von unterschiedlichen Endgeräten aus verwalten kann. Ein weiterer Vorteil ist der einfache Austausch von Lesezeichen innerhalb eines Netzwerkes. Für den Fall, dass die Mitarbeiter eines Unternehmens ein solches Netzwerk bilden, sind alle Lesezeichen mit Bezug zum Unternehmen an zentraler Stelle zugänglich. Eine Suche innerhalb des Netzwerkes nach Konkurrenzprodukten, Marktinformationen oder Ähnlichem führt damit oft zu qualitativ hochwertigen Verweisen, wie sie eine Suchmaschine nicht bieten kann.

Social Bookmarking in Form von Nachrichtendiensten kann für Unternehmen in zweierlei Hinsicht nützlich sein. Zum einen gibt eine Suche nach unternehmensspezifischen Schlagwörtern Hinweise über die Rezeption von Marken, Produkten und Kampagnen. In der Regel lässt sich die Suche mit Hilfe von RSS automatisieren, so dass Unternehmen immer über aktuelle Diskussionen informiert sind (Monitoring). Zum anderen können Unternehmen selbst Nachrichten einreichen, z. B. eine Produktankündigung auf der unternehmenseigenen Website, einen neuen Eintrag im Mitarbeiter-Weblog oder eine Online-Zeitungsmeldung über das Unternehmen. Die Einreichung von Nachrichten mit kommerzieller Absicht ist nicht verboten, aber die Nachrichten sollten interessant erscheinen. Finden diese Nachrichten Anklang unter den Benutzern, dann besuchen u. U. Tausende von Menschen innerhalb kürzester Zeit den Unternehmensauftritt im Internet. Während dies gerade für KMU eine ungeahnte Aufmerksamkeit generiert, sollte man dafür technisch vorbereitet sein, da zu viele Anfragen an eine Website oder ein Weblog den Server derart belasten können, dass dieser ausfällt. Auch bei Waren ist es vorgekommen, dass ein Unternehmen nach einem positiven Beitrag über ein Produkt auf Digg nicht mehr lieferfähig war.

Die Bedeutung und die Nutzung der beiden Arten von Social Bookmarking lassen sich weiterhin anhand der drei folgenden Kriterien gegenüberstellen:

- **Beständigkeit.** Manche Lesezeichen dienen allein dem Zweck, eine entsprechende Website zu einem späteren Zeitpunkt aufzusuchen. Die meisten Lesezeichen verweisen jedoch auf Websites, die die Benutzer immer wieder besuchen. Lesezeichen bei Delicious, Furl und Mister Wong sind demnach beständiger Natur. Eine hochrangige Bewertung in Digg oder ähnlichen Diensten markiert dagegen eine einmalige Nachricht, die sich ggf. in kurzfristig hohen Besucherzahlen niederschlägt. Lesezeichen in Form von Nachrichten sind aus diesem Grund kurzlebig. Deswegen sollte ein Plan vorliegen, wie die neuen Besucher zum Wiederbesuch animiert werden können.

- **Verbindlichkeit.** Die Sammlung von Lesezeichen ist zeitaufwändig, bietet aber einen offensichtlichen Mehrwert für jede spätere Informationssuche. Die öffentlich verwalteten Lesezeichen eines Benutzers reflektieren damit eine gewisse Verbindlichkeit, die andere Benutzer als solche zu identifizieren wissen und ggf. einzelne Lesezeichen in ihre eigene Sammlung übernehmen. Bei Nachrichten ist diese Verbindlichkeit dann gegeben, wenn diese relativ oft auf die gleiche Quelle (Website oder Weblog) hinweisen und von verschiedenen Benutzern eingereicht werden bzw. wenn diese von Benutzern eingereicht werden, die sich durch die häufige und regelmäßige Veröffentlichung von Nachrichten eine Reputation als Experte aufgebaut haben.

- **Hyperlinks.** Ein weiterer Mehrwert öffentlicher Lesezeichensammlungen liegt darin begründet, dass jedes Lesezeichen einen Hyperlink darstellt. Suchmaschinen wie bspw. Google berücksichtigen in ihrer Berechnung der Rangfolge von Trefferlisten die Popularität einer Website (Page Rank). Die Popularität wiederum wird zum großen Teil über die Anzahl der auf eine Website verweisenden Hyperlinks bestimmt. Jedes Lesezeichen in Delicious, Furl oder Mister Wong trägt dementsprechend zur Popularität der bezeichneten Website bei und verbessert deren Rang in Suchmaschinen. Nachrichtendienste bieten diesen Mehrwert nicht im gleichen Maß, da eine Nachricht genau einen Hyperlink beinhaltet, auch für den Fall, dass die Nachricht Hunderte von positiven Bewertungen erhalten hat.

Ähnlich wie in der Blogosphäre (siehe Kapitel 3) gibt es auch bei den einzelnen Nachrichtendiensten Benutzer mit einem besonderen Status. Sie haben diesen durch Einreichen vieler Nachrichten und Schreiben von Kommentaren erreicht. In manchen Diensten wird dieser Status durch eine Zahl offen angegeben, oft als Karma bezeichnet, deren genaue Berechnung aber nicht offenbart wird. Unternehmen haben schon versucht, diese Benutzer zum Einreichen von Nachrichten, die direkt oder indirekt für ihre Produkte oder Dienstleistungen werben, zu gewinnen. Auch das führte zu Problemen, als es bekannt wurde. Ein fleißiger Benutzer von Digg wurde wegen Werbung für einen Telekommunikationsdienstleister zunächst vom Dienst suspendiert.

Die Bewertungsalgorithmen der Nachrichtendienste sind inzwischen auch im Rahmen anderer Websites zu finden, die etwa Produkte oder Dienstleistungen bewerten (z. B. **www.dealjaeger.de**). Da diese Websites bisher nur wenige Benutzer haben, können sie leicht manipuliert werden und der Mehrwert für ihre Benutzer ist (noch) gering. Etablierte Websites, die Erfahrungsberichte, oft in Verbindung mit Preisvergleichen, bieten, dürften für Konsumenten und Anbieter noch immer von größerem Interesse sein, selbst wenn deren Bewertungsalgorithmen noch relativ einfach sind.

6 Interaktion in beruflichen und privaten Netzgemeinschaften

6.1 Funktionen beruflicher und privater Netzgemeinschaften

Soziale Netzwerke im WWW (engl. Social Networks bzw. Social Network Services) dienen der Vernetzung von Personen zu einem Kontakt- oder auch Freundesnetzwerk. Elektronische soziale Netzwerke gab es schon vorher außerhalb des Internets (z. B. The WELL) und im Internet außerhalb des WWW (z. B. die Diskussionsgruppen im Usenet). Ihr gezielter Aufbau im WWW wurde einerseits aufgrund der großen Verbreitung und einfachen Handhabung des WWW vorangetrieben, andererseits wurde er aber auch durch Forschungsergebnisse über Gesellschaftsstrukturen motiviert. Der amerikanische Sozialforscher Stanley Milgram stellte in den sechziger Jahren aufgrund von Experimenten in USA die These auf, dass Menschen miteinander durch durchschnittlich sechs Freundschaftsbeziehungen verknüpft sind, was das Gefühl der „kleinen Welt" bestätigen würde. Diese Experimente wurden mehrfach unter wechselnden Bedingungen repliziert, im Jahr 2001 übertrug sie Duncan Watts auf E-Mail im Internet. Auch er ermittelte dabei einen Mittelwert von sechs Zwischenstationen, die benötigt werden, um eine beliebige Person über ein Freundesnetzwerk per E-Mail zu erreichen. Das bestätigte die Beobachtung, die inzwischen als das Phänomen der „Sechs Grade der Trennung" (engl. six degrees of separation) bezeichnet wird. Das Auffinden von Pfaden zu bis dahin unbekannten Mitgliedern ist eine Funktion mancher Web 2.0-Anwendungen, die in diesem Kapitel besprochen werden. Auch auf Web 2.0-Websites, die in vorherigen Kapiteln beschrieben wurden, entstehen soziale Bindungen, der Begriff soziale Netzwerke bezieht sich in diesem Kapitel aber nur auf die hier besprochenen Websites.

Eine Gruppierung sozialer Netzwerke zeigt Tab. 6.1. Im Bereich der privaten Gemeinschaften ergeben sich auf Grund unterschiedlicher Zielgruppen weitere Unterteilungen. Als Beispiele für private Gemeinschaften mit spezieller Ausrichtung sind Netzwerke genannt, die Beziehungen um einen bestimmten Lebensabschnitt herum (Schulzeit, Studium) abbilden; weiterhin bestehen viele weitere Netzwerke, die sich um ein bestimmtes Thema herum bilden.

Private Gemeinschaften:
Allgemein: **de.myspace.com**
Speziell: Schüler: **www.mystubz.com** | Studenten: **www.studivz.net**
Berufliche Gemeinschaften:
Erwerbstätige und -suchende: **www.xing.com**, **www.linkedin.com**

Tab. 6.1 Gruppierung sozialer Netzwerke

Dabei kommt es natürlich auch in privaten Gemeinschaften zu berufsbezogener oder geschäftlicher Kommunikation, während auch in beruflichen Gemeinschaften private Kontakte geknüpft werden. Diese Vermischung von geschäftlichen und privaten Beziehungen wird oft durch physische Treffen unterstützt.

Grundfunktionen

Die Teilnahme an den Netzwerken setzt grundsätzlich eine Anmeldung voraus. Manche Netzwerke schränken die Teilnahme auf bestimmte Personengruppen ein; eine genaue Überprüfung dieser Kriterien wird jedoch nicht immer durchgeführt. Einen Spezialfall dieser Gruppe bilden Netzwerke, die einen Eintritt in das Netzwerk nur dann zulassen, wenn eine Einladung durch einen berechtigten Nutzer des Netzwerkes ausgesprochen wird.

Im Zuge der Anmeldung legen Nutzer ein Benutzerprofil an (siehe Abb. 6.1), das je nach Ausrichtung der Plattform persönliche sowie ggf. geschäftliche Daten und Interessen zusammenfasst und im weiteren Verlauf der Nutzung ergänzt bzw. verändert werden kann. Eine anonyme Nutzung dieser Netzwerke unter einem Pseudonym widerspricht der Zielsetzung der Netzwerkbildung. Die sozialen Netzwerke bieten jedoch die Möglichkeit, Teile des Profils oder das komplette Profil nur bestimmten Personengruppen zugänglich zu machen („private" vs. „öffentliche" Profile bzw. Teilprofile), um so die Privatsphäre zu schützen.

Nach erfolgter Anmeldung und Erfassung des Profils gestatten es die Websites, das Netzwerk nach Namen oder nach Personen mit gleichen Merkmalen bzw. Interessen (bspw. Arbeitgeber, Wohnort) wie der Suchende zu durchsuchen. Die Mächtigkeit der Funktion unterscheidet sich zwischen Netzwerken und manchmal nach Art der Mitgliedschaft.

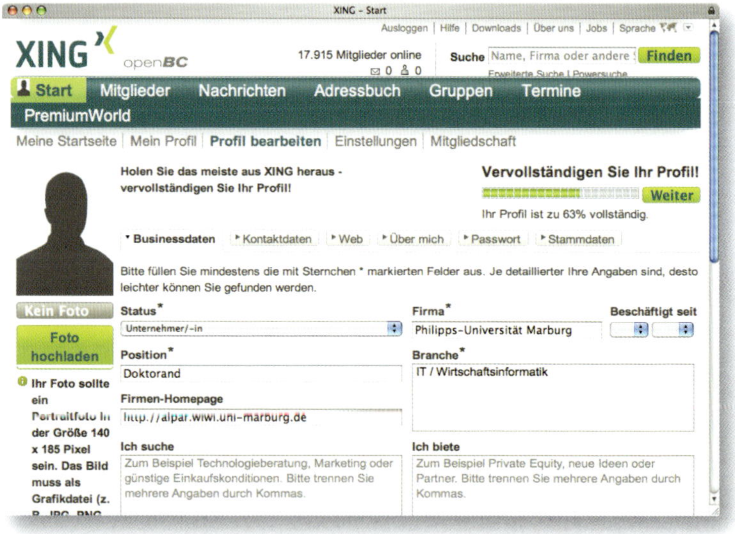

Abb. 6.1 Profilkonfiguration bei Xing

Wenn gewünscht, können gefundene Personen als Kontakt (berufliche Netzwerke) bzw. Freund (private Netzwerke) in eine persönliche Kontaktliste aufgenommen werden, um die Kontaktpflege zu vereinfachen. Die Beziehung zwischen den Personen wird i. d. R. erst dann hergestellt, wenn beide diesem zustimmen. Sollte der Aufbau einer Beziehung (zunächst) nicht gewünscht sein, bieten einige Netzwerke die Möglichkeit, Personen in eine Favoritenliste hinzuzufügen, ohne dass diese explizit als Kontakt gelistet werden bzw. diese eine Kontaktanfrage erhalten. Insbesondere Geschäftsnetzwerke führen Kontakte sowie ggf. auch „Favoriten" in einer portaleigenen Adressbuchfunktion zusammen, die eine schnelle Kontaktaufnahme auch abseits des Portals unterstützt.

Als Umsetzung der „six degrees of separation" stellen viele Netzwerke beim Aufruf eines fremden Profils grafisch dar, ob und ggf. über welche und wie viele Zwischenstationen man diese Person „kennt".

Neben den vorgenannten grundlegenden Funktionen sind in einer Vielzahl sozialer Netzwerke Funktionen vorhanden, die die Kommunikation untereinander unterstützen sollen. Diese Funktionen können nach der Anzahl der Teilnehmer in zwei Kommunikationsszenarien gruppiert werden, die primär die Kommunikation von Einzelpersonen auf der Plattform untereinander unterstützen sollen (1:1), sowie Funktionen, die eine Kommunikation von Personengruppen (n:m) unterstützen.

Dem erstgenannten Bereich sind Textnachrichten zuzuordnen, die innerhalb der Plattform versandt sowie empfangen werden können (sog. private Nachrichten), die zum Teil durch Anhänge und multimediale Bestandteile ergänzt werden können. Diese Nachrichten können insbesondere für die Kommunikation mit Kontakten genutzt werden, mit denen keine weiteren Kontaktdaten wie E-Mail oder Telefonnummern ausgetauscht worden sind.

Dem zweiten Bereich ist die Kommunikation innerhalb von (Diskussions-) Gruppen und Foren zuzurechnen. Diese Bereiche bieten die Möglichkeit, mit anderen interessierten Personen Themen zu besprechen. Die Nutzung dieser Foren kann in verschiedener Hinsicht eingeschränkt werden; der Beitritt zu sowie die aktive Diskussionsteilnahme in einem Forum kann ebenso wie die Möglichkeit für nicht zugehörige Mitglieder, in Foren mitzulesen, beschränkt werden. Diese Berechtigungen werden durch den Foreninhaber oder durch von diesen bestimmten Moderatoren gesetzt. Die Gruppenzugehörigkeit wird bei vielen Plattformen als Ergänzung des Nutzerprofils angezeigt. Die Gründung von Gruppen und Foren lässt Unter-Netzwerke innerhalb des eigentlichen Netzwerkes entstehen. Den Teilnehmern bleibt es überlassen, selbst solche Foren aufzubauen und somit innerhalb klar definierter Regeln eigene Unter-Netzwerke einzurichten.

Nicht eindeutig einem der Kommunikationsszenarien zuzuordnen sind „Gästebücher", die in der Profilansicht der Nutzer integriert sind. Wenngleich die Nachrichten in einem solchen Gästebuch an den Profilinhaber gerichtet sind, können sie durch andere Profilbesucher gelesen sowie kommentiert werden.

Ein soziales Netzwerk, das einen ganz anderen Ansatz verfolgt, stellt „Second Life" dar. Teilnehmer werden dort nicht anhand von Profildaten dargestellt, sondern interagieren als virtuelle Identitäten in einer dreidimensionalen Welt miteinander. Zur Darstellung werden grafische Stellvertreter (Avatare) genutzt, die von den Teilnehmern personalisiert werden können. Es soll ein virtuelles Abbild der realen Welt geschaffen werden, so dass es in Second Life Straßen, Wiesen, Wohnhäuser, Veranstaltungssäle, Kneipen, Geschäfte usw. gibt. In der Gemeinschaft können sowohl private als auch geschäftliche Beziehungen geknüpft werden. Letzteres wird durch eine virtuelle Währung („Linden Dollars") erleichtert, die in reale Dollars umgetauscht werden kann (1 US$ entspricht dabei aktuell 270 Linden$).

Die Teilnahme an Second Life ist kostenfrei; es stehen jedoch kostenpflichtige Accounts zur Verfügung, die den Erwerb eines virtuellen Grundstücks sowie eines monatlichen virtuellen Gehalts ermöglichen. Avatare können sich Kleidung kaufen, Jobs, z. B. als Diskjockey in einer Diskothek, annehmen, gekaufte Grundstücke bebauen und dann verkaufen. Unternehmen können Geschäfte einrichten, staatliche Einrichtungen öffentliche Gebäude errichten (Schweden hat dort die erste virtuelle Botschaft eröffnet).

Weitere Funktionen privater Gemeinschaften

Private Netzwerke ergänzen die vorgenannten Grundfunktionen in vielen Fällen, um speziellen Zielgruppen erweiterte Möglichkeiten zur Verfügung zu stellen. Die Einbindung von Multimediainhalten ist eine der erweiterten Möglichkeiten. Forciert wird dies unter anderem im marktführenden Netzwerk **www.myspace.com**, das nach Unternehmensangaben über 150 Millionen Nutzer verfügt. Es wird dabei insbesondere Musikern ein Forum gegeben. Die Möglichkeit einer einfachen Präsentation der eigenen Werke bietet nicht nur bekannten Musikern ein Forum, sondern hat auch verschiedenen vormals wenig bekannten Künstlern durch die kostenfreie Veröffentlichung ihrer Songs auf dieser Plattform eine erheblich gestiegene Bekanntheit sowie vereinzelt auch Verträge mit großen Plattenfirmen verschafft.

Die Möglichkeiten, die Profilseite den eigenen Vorstellungen anzupassen, sind bei privaten Gemeinschaften umfangreicher als bei geschäftlichen Netzwerken ausgeprägt. In die Profilseiten können oftmals Zusatzfunktionen integriert werden, bspw. bietet MySpace neben der erwähnten Integration von Medieninhalten sowie Foren und Gruppen einen eigenen Blog an, der in das Profil integriert ist. Die Profilinhalte spiegeln die persönlichen Interessen in hohem Umfang wieder, was zu einer entsprechend hohen Anzahl von möglichen Kriterien bei einer Suche führt.

Geschäftsfunktionen sind in privaten Netzwerken nur in Ansätzen vorhanden. So kann bspw. bei MySpace die Zugehörigkeit zu beruflich orientierten Netzwerken vom Nutzer ausgewählt werden (bspw. Technik ▸ IT ▸ Entwickler); da sich jedoch auch die junge Hauptzielgruppe des Netzwerkes oftmals diesen Gruppen zuordnet, verliert diese Funktion an Relevanz. Eine Entwicklung zu mehr geschäftlichen Möglichkeiten stellt der vorerst nur auf der englischen Seite von MySpace realisierte Anzeigenmarkt dar, dem eine Jobbörse angegliedert ist.

Die Gemeinschaften für Schüler sowie Studenten stellen eine, zumindest theoretisch, zugangsbeschränkte Gruppe von Netzwerken dar. Während Studentennetzwerke wie studivz.net mit aktuell ca. 1,5 Millionen Mitgliedern bereits eine große Nutzerzahl erreichen, ist bei den Schülernetzwerken aktuell kein klarer Marktführer erkennbar.

Schul- und Studentennetzwerke sprechen primär die eigentliche Zielgruppe sowie mit ihnen verwandte Gruppen (Universitätsmitarbeiter, Alumni) an, verzichten jedoch überwiegend auf eine Überprüfung dieses Status. Sie verfügen zusätzlich insbesondere über erweiterte Profilbereiche hinsichtlich des Schul- sowie Universitätshintergrundes.

Weitere Funktionen geschäftlicher Gemeinschaften

Als führende Netzwerke zum Knüpfen sowie Pflegen geschäftlicher Kontakte werden die Plattform Xing, vormals bekannt als OpenBC, ein in Deutschland gegründetes soziales Netzwerk, sowie der englischsprachige Mitbewerber LinkedIn angesehen.

Zielgruppen dieser Netzwerke sind neben Angestellten insbesondere Freiberufler sowie Gewerbetreibende. Die Profiloptionen sind diesem Anspruch angepasst. Es lässt sich auswählen, welche Art geschäftlicher Kontakte man sucht und welche Kenntnisse und Fähigkeiten man selbst einbringen kann. Zusätzlich lassen sich ehemalige wie aktuelle Arbeitgeber sowie die jeweiligen Positionen im Unternehmen erfassen, um gezielte Suchen zu ermöglichen.

Im Gegensatz zu den primär werbefinanzierten, privaten Gemeinschaften bieten geschäftliche Netzwerke auch eine kostenpflichtige Mitgliedschaft an, die erst den Zugriff auf den vollen Funktionsumfang zulässt. Die zusätzlichen Funktionen umfassen insbesondere erweiterte Suchfunktionen (siehe Abb. 6.2), die das Auffinden relevanter Kontakte vereinfachen sollen. Beide Netzwerke stellen für Premium-Mitglieder nicht nur erweitere Funktionen zur Verfügung, sondern beschränken zudem die eingangs erwähnten Grundfunktionen, indem bei einer Basis-Mitgliedschaft kein Versand privater Nachrichten zur Verfügung steht.

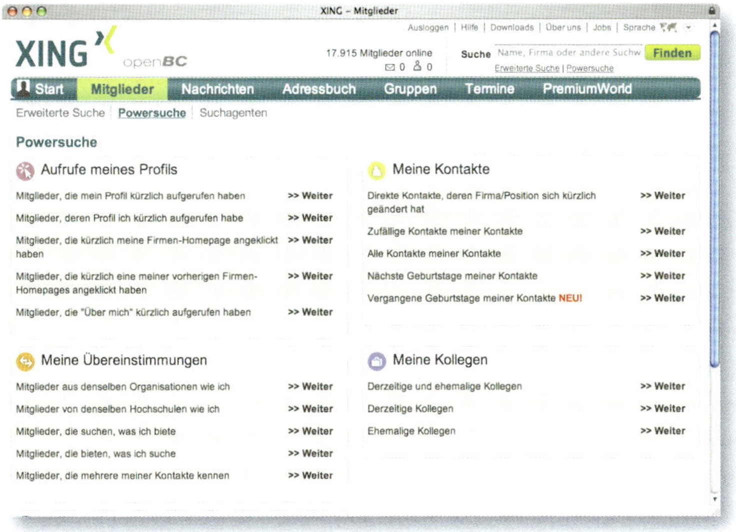

Abb. 6.2 Erweitere Suchfunktionen für Premium-Mitglieder bei XING

Als einen weiteren Service versendet Xing einen personalisierten Newsletter, der die Aufrufe des Profils und weitere Statistiken zeigt, und bietet im Forenbereich Raum für sog. Premium-Foren, die exklusiv den Inhabern zur Verfügung stehen. Die Suchfunktion ist um einen Suchagenten erweitert, der periodisch vorgegebene Suchkriterien abfragt. LinkedIn unterstützt die Suche nach Personen mit Expertenwissen mit der Funktion „Answers“. Die beste Antwort auf eine durch ein Netzwerkmitglied gestellte Frage wird dabei durch den Fragesteller ausgewählt; der betreffende Beantworter erhält dafür einen „Expertisepunkt“. Basierend auf der Anzahl dieser Expertisepunkte werden Ranglisten erstellt, die Rückschlüsse auf Personen mit besonders umfangreichem Wissen in einem Teilbereich geben.

6.2 Technische Voraussetzungen

Der Zugriff auf soziale Netzwerke erfordert lediglich einen Webbrowser sowie ggf. Zusatzmodule (sog. Plug-ins) zur multimedialen Nutzung.

Wenn ein Unternehmen selbst ein soziales Netzwerk für eigene Zwecke betreiben möchte, dann steht die Software der oben erwähnten Netzwerke nicht zur Verfügung, da sie durchgängig für ihre Zwecke entwickelt wurde und bisher nicht verkauft wird. Die Realisierung proprietärer sozialer Netzwerke für externe Zwecke im Internet oder für interne Belange im unternehmenseigenen Intranet muss deswegen mit Eigenentwicklungen oder mit dedizierten Softwarepaketen realisiert werden (z. B. **www.communicoserver.com**, **www.connectbeam.com** oder **www.smallworldlabs.com**). Diese Pakete können im eigenen Intranet installiert werden oder als Service auf dem Server des Softwareanbieters genutzt werden. Diese Lösungen können kostspielig sein und, im Falle einer eigenen Installation, einen erheblichen technischen Aufwand erfordern. Wenn auf die vollständige Kontrolle des sozialen Netzwerks und eine weitgehende Flexibilität verzichtet werden kann, kann man stattdessen in den bekannten sozialen Netzwerken eigene Bereiche aufbauen. Diese können dann nur von einer geschlossenen Gruppe genutzt werden, etwa nur von eigenen Mitarbeitern oder nur bestimmten Kunden und bestimmten Mitarbeitern. Xing bspw. bietet gegen Entgelt die Einrichtung von geschlossenen „Premium-Gruppen" (siehe Abb. 6.3) ab einer gewissen Mindestgröße an.

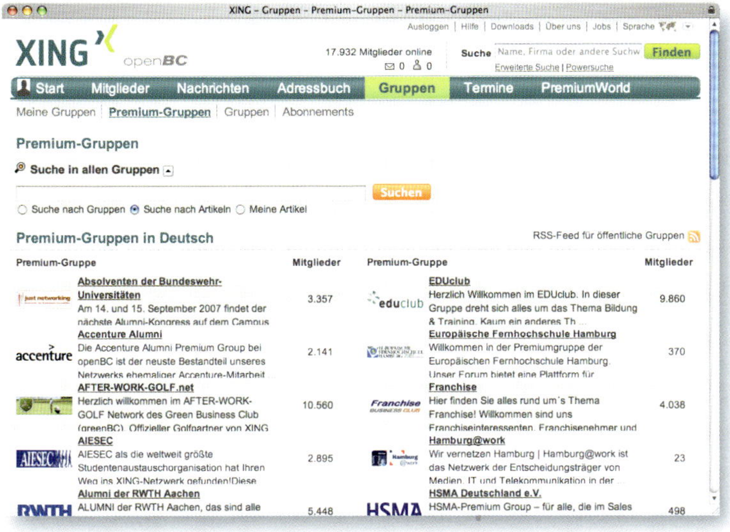

Abb. 6.3 Premium-Gruppen in XING

Die Kosten für Einrichtung und Betrieb einer solchen Gruppe richten sich nach ihrer Größe sowie Zielgruppe (Unternehmen, Universität oder andere Organisation). Auch LinkedIn bietet die Einrichtung geschlossener Foren an. Es stehen dabei kostenfreie Foren mit eingeschränktem Funktionsumfang zur Verfügung; soll dieses Forum öffentlich gelistet sein, fällt jedoch eine Einrichtungsgebühr von $200 an. Im Gegensatz zu den Premium-Foren von Xing ist der Zutritt zu den Foren nicht auf Antrag, sondern ausschließlich nach Einladung durch einen Forenmoderator möglich.

6.3 Beispiele aus der Unternehmenspraxis

Neben den bereits zuvor erwähnten Nutzungsmöglichkeiten privater Gemeinschaften für spezielle Gruppen, bspw. für Künstler, bieten sich in beruflichen Netwerken umfangreiche Nutzungsmöglichkeiten für Unternehmen.

Die offen verfügbaren Profilinformationen werden nicht nur zur Anbahnung geschäftlicher Kontakte genutzt, auch passende Mitarbeiter für temporäre Projekte oder Dauerstellen werden darüber identifiziert. Insbesondere Personalberater und -verantwortliche (über 60.000 bei LinkedIn) haben so die Möglichkeit, in sozialen Netzwerken gezielt nach Personen zu suchen, die einem geforderten Profil entsprechen. Zur Kontaktaufnahme werden oftmals die bereits eingangs beschriebenen Direktnachrichten genutzt (vgl. Copeland 2006). Die Suche wird durch Profilangaben unterstützt, in denen ein Interesse hinsichtlich neuer Jobangebote signalisiert werden kann. Offene Stellen werden gegen Entgelt auch in Jobbörsen der Netzwerke angeboten (s. Abb. 6.4). Die Anzeigen werden durch im Netzwerk vertretene Mitarbeiter, i. d. R. aus der Personalabteilung, aufgegeben. Auf diese Weise können interessierte Bewerber einen direkten Kontakt zu dem zuständigen Mitarbeiter aufnehmen.

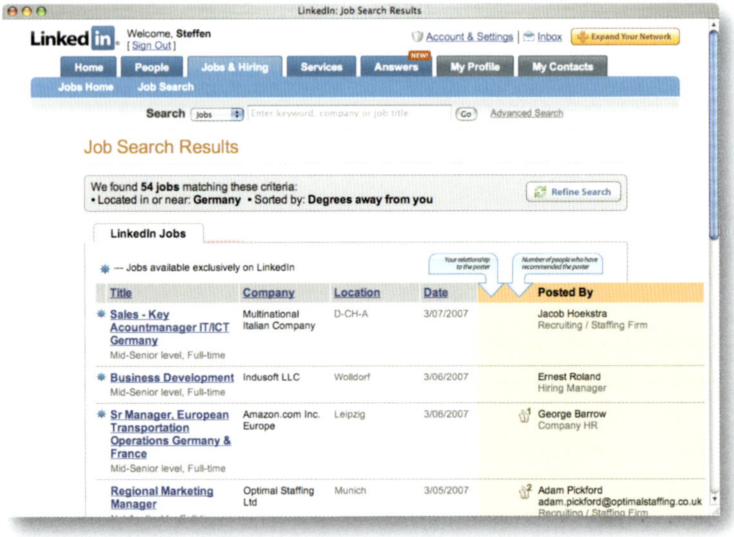

Abb. 6.4 Jobbörse bei LinkedIn

Ein weiteres Einsatzgebiet beruflicher Netzwerke stellt die Informationsgewinnung hinsichtlich potentieller Kunden dar. Die Profilinformationen werden genutzt, um geeignete Gesprächspartner in Unternehmen zu identifizieren, sowie sich im Vorfeld auf ein Gespräch mit diesen Kontakten vorzubereiten. Der Umfang dieser Informationen übertrifft dabei deutlich die bspw. auf einer Visitenkarte vorhandenen Informationen.

Das Bewerben von Veranstaltungen ist in Bereichen für öffentliche Termine (z. B. bei Xing) gestattet. Hier werden Unternehmenspräsentationen und weitere Termine, auch regional, kostenfrei angekündigt. Abb. 6.5 zeigt ein solches Beispiel bei Xing. Die Terminverwaltung bietet dabei erweiterte Funktionen wie Anmeldung, Gästeliste sowie den Export des Termins nach Outlook an.

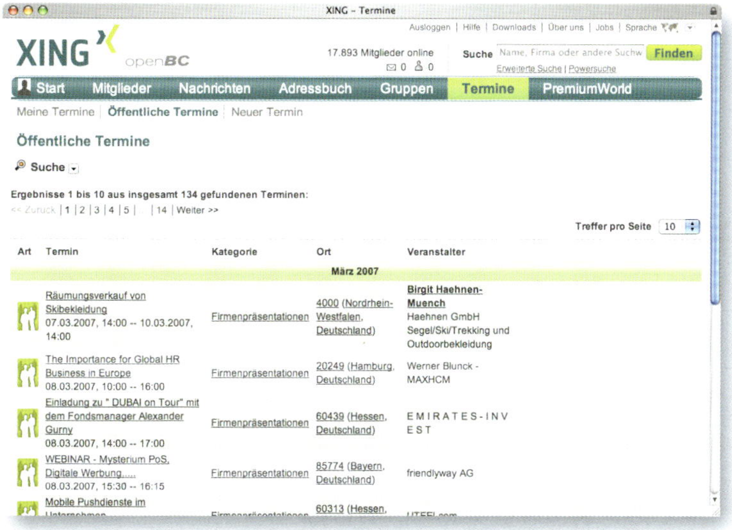

Abb. 6.5 Terminankündigungen bei XING

Ein soziales Netzwerk, in dem Unternehmen zunehmend aktiv werden, ist die bereits beschriebene virtuelle Welt Second Life. Dort verkauft Adidas virtuelle Schuhe für die Avatare, während Dell Computersysteme konfigurieren lässt, die man dann über die „traditionelle" Website von Dell (also außerhalb von Second Life) bestellen kann. Mercedes-Benz hat im Februar 2007 Ausstellungsräume eröffnet, in denen Informationen über deren Fahrzeuge sowie Unterhaltung angeboten werden. Neben den Ausstellungsräumen verläuft eine Teststrecke. Doch geht es diesen Unternehmen, auch wenn sie dort bereits Produkte verkaufen, zunächst nicht um Umsätze, sondern um Marketing.

Firmenspezifische soziale Netzwerke

Personalbeschaffung ist auch für firmeneigene soziale Netzwerke außerhalb der oben beschriebenen, öffentlich zugänglichen Gemeinschaften ein wichtiger Zweck. Die Investmentbank Goldmann Sachs und die Beratungsfirma Deloitte unterhalten Netzwerke für frühere Mitarbeiter mit dem erklärten Ziel, manche von ihnen wieder für sich zu gewinnen, denn die Erfahrungen mit „Rückkehrern" waren meist sehr positiv. Ein weiteres Ziel besteht darin, manche früheren Mitarbeiter als neue Auftraggeber zu gewinnen.

Eine andere Gruppe von Unternehmen unterhält soziale Netzwerke für ihre Kunden. Sie dienen dem Kundendienst, der dort teilweise von anderen Kunden geleistet wird, und zur Erhöhung der Markenbindung. Ein Beispiel stellt die von BMW betriebene Gemeinschaft für Besitzer von Autos der Marke Mini, genannt „Owner's Lounge", dar. Um den populären Smartphone Blackberry herum haben sich mehrere unabhängige und firmeneigene Gemeinschaften gebildet (z. B. **www.pinstack.com** und **www.discoverblackberry.com/ownerslounge**). Der Web 2.0-Gehalt der Firmennetzwerke ist sehr unterschiedlich; manche sind eher „traditionelle" Websites, auf denen Benutzer hauptsächlich mit Informationen des Betreibers versorgt werden, auf anderen können Benutzer die Inhalte aktiv mit gestalten.

6.4 Nutzung durch KMU

Die Auswahl von sozialen Netzwerken, die im Unternehmensbereich genutzt werden sollen, wird durch die allgemeine Ausrichtung beruflicher Gemeinschaften vereinfacht. Eine starke Bildung spezialisierter Gemeinschaften, wie bei den privaten Gemeinschaften, ist nicht zu beobachten. Insbesondere im Bereich der KMU ist daher zu empfehlen, sich zur Minimierung des mit der Kontaktpflege entstehenden Aufwandes auf die größten beruflichen Netzwerke zu beschränken; das sind derzeit die bereits erwähnten Netzwerke Xing und LinkedIn. Xing ist Marktführer in Deutschland (weltweit ca. 1,5 Millionen Mitglieder); LinkedIn verfügt international jedoch über viel mehr Mitglieder (ca. 8,5 Millionen im März 2007). So lange dieser Zustand besteht, kann Xing für die nationale Vernetzung empfohlen werden, während LinkedIn für internationale Kontakte bevorzugt werden sollte. Wenn ein Unternehmen gezielt in ein oder mehrere Netzwerke eintreten will, müssen folgende Entscheidungen getroffen werden:

- Welche Mitarbeiter sollen beitreten?
- Welche Informationen sollen im Benutzerprofil anderen Personen zur Verfügung gestellt werden?
- Sollen die Mitarbeiter ihre Kontaktlisten gezielt aufbauen?
- Sollen Mitarbeiter bestimmten Foren beitreten?
- Soll das Unternehmen ein öffentliches Forum initiieren?
- Soll das Unternehmen ein firmeneigenes Forum einrichten?
- Wer darf welche Aussagen über das Unternehmen machen, in Einzelnachrichten oder in Foren?

Diese Fragen werden nachfolgend erörtert.

Wer soll ins Netz

Wenn Personalbeschaffung ein Ziel der Teilnahme ist, dann sollten natürlich Personalverantwortliche beitreten. Wenn freie Projektmitarbeiter im Netzwerk gesucht werden, dann sollten die für das betreffende Projekt Verantwortlichen beitreten. Wenn neue Geschäftskunden aufgespürt werden sollen, dann sollten Vertriebsleute in das Netzwerk einsteigen.

Profilangaben

Insbesondere die beruflichen Netzwerke bieten beim Anlegen des Profils umfangreiche Einstellmöglichkeiten an (vgl. Abb. 6.6).

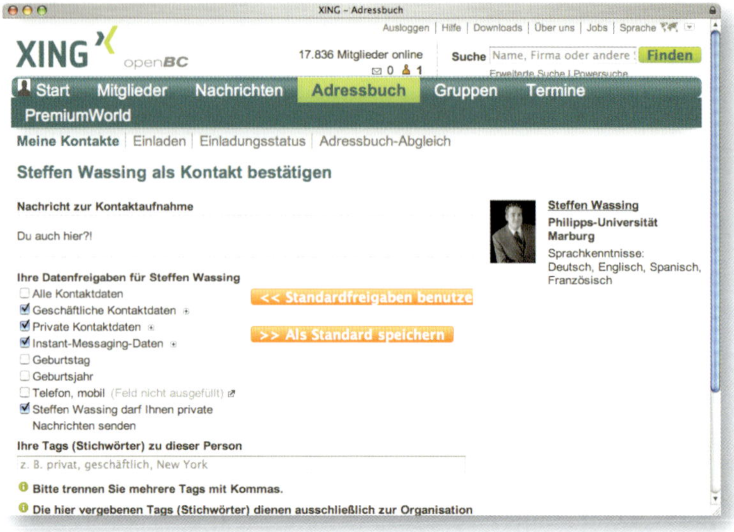

Abb. 6.6 Konfiguration der Weitergabe von Daten bei XING

Überlegungen sollten dabei nicht nur in Bezug auf die eingestellten Profildaten, sondern zudem hinsichtlich der sichtbaren Mitgliedschaft in Diskussionsforen und Gruppen durchgeführt werden. Es ist in vielen Netzwerken möglich, Gruppenmitgliedschaften selektiv aus den Benutzerinformationen auszublenden. Die Informationen, die man selbst zur Verfügung stellt, sollten nach kurzer Einarbeitungszeit in das Netzwerk nochmals kritisch hinterfragt werden. Der Umfang der zur Verfügung gestellten Informationen kann so dem üblichen Umfang der in diesem Netzwerk zur Verfügung gestellten Informationen angepasst werden. Es muss dabei bedacht werden, dass sich zukünftige Geschäftspartner, aber auch Konkurrenten verstärkt in beruflichen Gemeinschaften Informationen beschaffen werden.

Kontakte

Ist ein sinnvolles Maß an zur Verfügung gestellter Information gefunden, kann mit der Kontaktaufnahme begonnen werden. Es ist anzuraten, die Anzahl der Kontakte im eigenen Netzwerk auf ein sinnvolles Maß zu begrenzen. Die Zahl der Kontakte sollte dabei einen Umfang nicht wesentlich überschreiten, der es erlaubt, den Kontakt mit diesen Personen regelmäßig zu pflegen. Um das persönliche Netzwerk zunehmend zu erweitern, kann bspw. die Funktion, Kontakte von eigenen Kontakten einzusehen, genutzt werden.

Insbesondere KMU, die oftmals über kein unternehmensinternes Kompetenznetzwerk verfügen, können auf die Funktionen beruflicher Gemeinschaften zurückgreifen (vgl. Smolnik & Riempp 2006). Die Vernetzung von Personen in geschäftlichen Netzwerken wird dabei gezielt dazu genutzt, Verbindungen zwischen internen und, wenn gewünscht, externen Experten dauerhaft einzurichten.

Foren

Nach der Einrichtung eines persönlichen bzw. unternehmensweiten Netzwerkes empfiehlt es sich, interessante Diskussionsforen und Gruppen zu verfolgen. Die Schaffung eines öffentlich sichtbaren Firmenforums ist bei beiden Anbietern mit Kosten sowie im Falle von Xing zudem mit der Erreichung einer Mindestnutzerzahl des Forums verbunden.

Xing erlaubt es jedoch, Vorschläge für kostenfreie, themenbezogene Gruppen einzureichen. Insbesondere im Bereich der regionalen Gruppen bietet sich die Möglichkeit, vergleichsweise stark auf die eigene Unternehmung bezogene Gruppen zu beantragen. Wird die Gruppe angenommen, werden die Moderatoren inkl. Firmenname auf der Startseite der Gruppe genannt, zudem kann in der Beschreibung der Gruppe ein Text gewählt werden, der u. a. auf das eigene Internetangebot verweist. So kann auch ohne ein eigenes, bezahltes Forum eine prominente Präsenz in einem beruflichen Netzwerk erreicht werden. Als Beispiel kann die Gruppe der studentischen Unternehmensberatung der Universität Potsdam (uniClever) genannt werden. Über die Moderationstätigkeit können die Aktivitäten im Forum in begrenztem Maße gesteuert werden.

Regulierung der Nutzung

In Unternehmen sollte die Nutzung von sozialen Netzwerken durch Mitarbeiter Regeln unterliegen, die helfen, negativen Effekten vorzubeugen. Diese Regeln sollten nicht nur informell zur Verfügung stehen, sondern in verbindlicher Form, z. B. als Ergänzung des Arbeitsvertrages, im Unternehmen umgesetzt werden. Der Umfang einer Regulierung der Nutzung von sozialen Netzwerken muss hinsichtlich der Nutzung von beruflichen sowie privaten Netzwerken unterschieden werden.

Im Bereich der Nutzung privater Gemeinschaften sollte von einer umfangreichen Regulierung abgesehen werden; es ist ansonsten mit Zielkonflikten zwischen Arbeitgeber und Arbeitnehmer zu rechnen (Kuhlenkamp et al. 2006). Um dennoch die Wahrscheinlichkeit negativer Auswirkungen der Teilnahme von Mitarbeitern an privaten Gemeinschaften zu minimieren, sollten diese angewiesen werden, in privaten Gemeinschaften keine Angaben hinsichtlich des Arbeitgebers zu machen.

Die Teilnahme an beruflichen Netzwerken erfordert hingegen die Angaben von Daten bezüglich des Arbeitgebers. Der Umfang dieser Angaben sollte durch den Arbeitgeber festgelegt sein. Insbesondere in KMU steigt mit zunehmendem Informationsumfang die Gefahr, dass Mitbewerber umfangreiche Informationen über den Aufbau eines Unternehmens erlangen und so zentrale Mitarbeiter abwerben können. Die Angaben der Mitarbeiter zu ihrer Position sollten auf die Angabe der Abteilung beschränkt sein und keine weiteren Informationen hinsichtlich der genauen Position umfassen.

Neben diesen Angaben sollte die Kommunikation in diesen Netzwerken, analog zu der Nutzung des Mediums E-Mail, klaren Regeln unterliegen. Analog zu der Nutzung von E-Mails bieten die Kommunikationsmöglichkeiten dieser Netzwerke die Möglichkeit, schnell eine große Anzahl von Personen zu erreichen. Dies kann zu Konflikten führen, wenn ein Mitarbeiter unerlaubt offiziell erscheinende Beiträge mit Bezug auf den Arbeitgeber in einem solchen Bereich einstellt. Es muss daher klar festgelegt sein, welchen Mitarbeitern es gestattet ist, Äußerungen im Namen des oder über das eigene Unternehmen abzugeben. Die Veröffentlichung nur zur internen Verwendung gedachter Informationen sollte bereits über eine Verschwiegenheitsklausel im Arbeitsvertrag abgedeckt sein, dennoch kann auch dieses in einem Regelwerk nochmals betont werden.

Einer Nutzung von Netzwerken zu Werbezwecken sind in der Regel bereits in den Geschäftsbedingungen klare Grenzen gesetzt; unerwünschte Werbung kann zudem einen negativen Einfluss auf das Unternehmensimage haben. Werbemaßnahmen sollten daher nur in einer Form durchgeführt werden, die im Netzwerk ausdrücklich zugelassen ist.

Die Überwachung von sozialen Netzwerken (Monitoring) hilft Unternehmen, negativen Einflüssen durch Handlungen innerhalb dieser Netzwerke zeitnah entgegenwirken zu können. Neben einem nach innen gerichteten Monitoring, das die Einhaltung der vorgenannten Regeln überprüft und ggf. zur Anpassung dieser beiträgt, ist zudem ein nach außen gerichtetes Monitoring wichtig.

Dieses umfasst jegliche durch Dritte in sozialen Netzwerken eingestellte Informationen, die das eigene Unternehmen betreffen. Bei diesen kann es sich bspw. um Aussagen ehemaliger Mitarbeiter handeln, weiterhin sollten Diskussionen in Foren in dieses Monitoring einbezogen werden. Das Monitoring dient in diesem Kontext nicht ausschließlich dazu, auf problematische Aussagen zeitnah reagieren zu können, auch Anregungen bzgl. des eigenen Unternehmens sowie der Produkte bzw. Dienstleistungen können auf diese Weise erfasst werden.

Wie beim Blog-Monitoring muss auch hier ein systematisches Vorgehen entwickelt werden. Es sollte festgelegt werden,

- wer diese Aufgabe übernimmt,
- in welchen Zeitabständen dies durchgeführt wird,
- nach welchen Stichworten gesucht wird,
- in welchen Foren beobachtet wird.

Eine Automatisierung der Beobachtung kann bei den vorgenannten Xing-Foren erreicht werden, indem die RSS-Feeds der betreffenden Foren auf ausgewählte Stichworte durchsucht werden.

7 Wikis - Wissensgenerierung und -austausch in Gemeinschaften

Im Jahr 1995 entwickelte der Amerikaner Ward Cunningham das erste Wiki. Er war mit konventionellen Textverarbeitungsprogrammen unzufrieden und suchte nach einer Software, die kooperatives Arbeiten an einem Dokument erlaubt, unmittelbare Publikation im Internet unterstützt und automatisch alle Bearbeitungsschritte dokumentiert (vgl. Leuf & Cunningham 2001). Cunningham wählte die ungewöhnliche Bezeichnung für seine Software in Anlehnung an den hawaiianischen Ausdruck Wiki Wiki, was übersetzt schnell bedeutet.

Ein Wiki ist eine Website, die ihren Benutzern erlaubt, den Inhalt einzelner Webseiten nicht nur zu lesen, sondern auch direkt im Browser zu bearbeiten (vgl. Ebersbach, Glaser & Heigl 2005, Przepiorka 2006). Damit ist ein Wiki eine schnell zu erlernende, leicht zu bedienende und zentral verfügbare Plattform für kooperatives Arbeiten im Internet. Im Gegensatz zu traditionellen Websites kann jeder Benutzer eines Wikis Autor wie Leser zugleich sein (siehe Abb. 7.1).

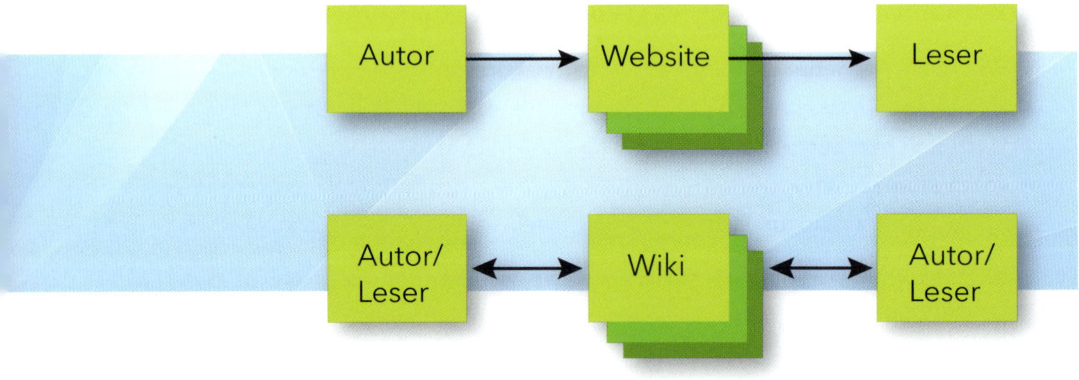

Abb. 7.1 Traditionelle Website versus Wiki

Spätestens seit dem Start der freien Enzyklopädie Wikipedia (**www.wikipedia.org**) im Jahr 2001 sind Wikis auch dem breiten Publikum der Internetbenutzer bekannt. Mit über 6,3 Millionen Artikeln in mehr als 200 Sprachen und Dialekten, davon über einer halben Million deutschsprachiger Artikel, ist Wikipedia inzwischen eines der größten öffentlichen Wikis. Damit hat sie etablierte Enzyklopädien wie den Brockhaus in quantitativer Hinsicht überholt, wobei Expertenbefragungen nach die Qualität wissenschaftlicher Artikel beider Enzyklopädien vergleichbar ist (vgl. Giles 2005).

Neben der allgemeinen Wikipedia gibt es Wikis zu vielen Spezialthemen. Das LyricWiki (**www.lyricwiki.org**) etwa enthält eine Sammlung von knapp 250.000 Liedtexten, im GenWiki (**www.genealogy.net**) stellen Familienforscher mehr als 35.000 Artikel mit Informationen rund um die Genealogie bereit und im Karlsruher Stadtwiki (**http://ka.stadtwiki.net**) finden sich inzwischen fast 10.000 Webseiten für die Stadt und umgebende Region. Die genaue Zahl öffentlich zugänglicher Wikis ist nicht bekannt. Konservativen Schätzungen der Wikimedia Foundation nach (vgl. **http://meta.wikimedia.org/wiki/List_of_largest_wikis**) laufen weltweit allein etwa 9.000 Wikis mit Hilfe von MediaWiki (**www.mediawiki.org**), einer freien Software, die ursprünglich für Wikipedia entwickelt wurde, mittlerweile aber für eine Vielzahl anderer Projekte verwendet wird. MediaWiki ist die Basis für nahezu die Hälfte der größten öffentlichen Wikis (vgl. Möller 2006, 185).

Wikis sind jedoch nicht allein ein Phänomen im öffentlichen Raum des Internets. Viele bekannte Unternehmen wie Airbus, BMW, Boeing, Bosch, DaimlerChrysler, Deutsche Bank, DHL, Dresdner Kleinwort Wasserstein, Eurospace, Gartner, Motorola, Nokia, SAP, Siemens, T-Systems, Vodafone, Volvo und Web.de setzen Wikis in ihrem Intranet ein. Die Unternehmen nutzen Wikis u. a. zur Dokumentation, als Nachschlagewerk, zur Projektplanung oder als Diskussionsforum sowohl für einzelne Abteilungen oder Gruppen von Mitarbeitern als auch für die gesamte Belegschaft (vgl. Majchrzak, Wagner & Yates 2006).

7.1 Funktionen von Wikis

Wikis lassen sich durch zumindest drei grundsätzliche Funktionen charakterisieren (vgl. Ebersbach, Glaser & Heigl 2005): Die (1) Bearbeitungsfunktion, (2) interne Verlinkung und (3) Versionshistorie von Webseiten. Daneben existieren zahlreiche andere Funktionen, die jedoch von Wiki zu Wiki unterschiedlich sind. Abb. 7.2 zeigt eine Reihe dieser Funktionen auf einer Webseite aus Wikipedia, hier am Beispiel eines Artikels zum Thema Web 2.0.

Abb. 7.2 Wikipedia Artikel zum Thema Web 2.0

In der Rubrik Navigation finden sich Hyperlinks zu verschiedenen Webseiten der Wikipedia, unter anderem zur Hauptseite, zu einer Seite mit den letzten Änderungen und zu einer Hilfeseite. Unterhalb des Navigationsbereichs erscheint die Suchfunktion, mit deren Hilfe sich die Wikipedia nach Schlagworten durchsuchen lässt. Im Bereich der Werkzeuge wird auf Spezialseiten verwiesen, die bspw. das Hochladen von Dateien erlauben. So werden Wikis zu einfachen Content Management Systemen (CMS). Als CMS bezeichnet man Software zur, i. d. R. kollaborativen, Erstellung, Bearbeitung und Verwaltung digitaler Informationen, hier allgemein als Inhalte (Content) bezeichnet.

Oberhalb des Artikels sind Hyperlinks zur Bearbeitungsfunktion und der Versionshistorie eingeblendet. Der Aufruf der Bearbeitungsfunktion stellt dem Benutzer ein Formular zur Verfügung, in dem der Quelltext der Webseite bearbeitet werden kann. Die Bearbeitungsfunktion ähnelt dabei einem Textverarbeitungsprogramm. Abb. 7.3 zeigt oberhalb des Quelltextes eine Symbolleiste für verschiedene Formatierungs- und Strukturierungsfunktionen. Zur Verfügung stehen hier unter anderem Symbole für Fett- und Kursivschrift, interne und externe Hyperlinks zu Webseiten, Bildern und anderen Medien, mathematische Formeln, automatische Signatur und horizontale Trennlinien.

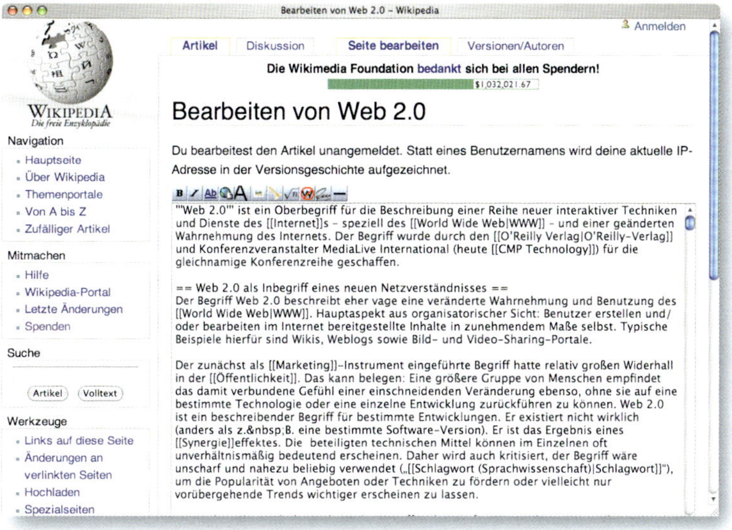

Abb. 7.3 Bearbeitungsfunktion der Wikipedia

Nach der Bearbeitung des Quelltextes kann die Webseite gespeichert oder zunächst nur eine Vorschau angezeigt werden. Gespeicherte Webseiten sind unmittelbar für alle Benutzer des Wikis ersichtlich und die Änderungen erscheinen automatisch in der Versionshistorie.

Seiten im WWW sind in der Auszeichnungssprache HTML geschrieben. Dies gilt auch für Webseiten eines Wikis. Eine herausragende Eigenschaft aller Wikis ist jedoch, dass die Erstellung und Bearbeitung von Webseiten keinerlei HTML-Kenntnisse erfordert. Wikis bieten für die Formatierung und Strukturierung von Inhalten einer Webseite eine eigene Syntax. Letztendlich sorgt die Software für die Darstellung der Webseiten in HTML. Die Symbolleiste bietet nur einige wenige Funktionen für die Gestaltung des Inhalts einer Webseite. Tab. 7.1 bietet eine kurze Übersicht der einfachsten Formatierungsregeln in MediaWiki. Auf der linken Seite der Tabelle ist die Wiki-Syntax aufgeführt, die nach dem Speichern der Webseite wie auf der rechten Seite der Tabelle dargestellt im Browser angezeigt wird.

Wiki-Syntax	Anzeige im Webbrowser
`Normaler Text`	Normaler Text
`''Kursiv''`	*Kursiv*
`'''Fett'''`	**Fett**
`'''''Kursiv und fett'''''`	***Kursiv und fett***
`= Überschrift 1. Ordnung =`	**Überschrift 1. Ordnung**
`== Überschrift 2. Ordnung ==`	***Überschrift 2. Ordnung***
`* eins`	• eins
`* zwei`	• zwei
`** eins-zwei`	○ eins-zwei
`[[Hyperlink]]`	Hyperlink
`[http://www.google.de]`	www.google.de
`[http://www.google.de Google]`	Google
`[[Bild:rss_icon.png]]`	
`[[Media:artikel.pdf]]`	media:artikel.pdf
`[[Media:artikel.pdf|Artikel]]`	Artikel

Tab. 7.1 Wiki-Syntax

Besonders einfach gestaltet sich die Verlinkung von Webseiten, Bildern und anderen Medien. Hyperlinks innerhalb eines Wikis werden in doppelte eckige Klammern, externe Hyperlinks in einfache eckige Klammern eingeschlossen. Die Beispiele in der Tab. 7.1 verweisen auf eine Webseite mit dem Namen Hyperlink bzw. die Startseite von Google Deutschland. Das gleiche Prinzip gilt auch für Bilder und andere Medien, die im Wiki selbst gespeichert sind. Bilder in den Datenformaten GIF, JPG und PNG werden direkt im Browser anzeigt, andere Medien wie Audio-, Video und Textdateien (z. B. in den Datenformaten MP3, MPG oder PDF) dagegen nur verlinkt.

Eine benutzerfreundliche Erweiterung zur Symbolleiste bieten WYSIWYG-Editoren (What You See Is What You Get; Was du siehst, bekommst du auch). Dabei ist die Formatierung des Textes bereits im Formular selbst ersichtlich. Die Wiki-Syntax bleibt dem Benutzer vollkommen verborgen.

Wikis folgen prinzipiell dem Gedanken freier Nutzung. In der Wikipedia lassen sich so alle Artikel von jedem Benutzer bearbeiten. Aus unterschiedlichen Gründen ist es jedoch sinnvoll, den Zugang zu einem Wiki zu beschränken. Hierzu bieten Wikis eine Benutzerverwaltung. Diese ermöglicht die Vergabe verschiedener Rechte an unterschiedliche Benutzer, so dass etwa nicht angemeldete Benutzer Webseiten zwar lesen aber nicht bearbeiten können. Für jedes Wiki gibt es zumindest einen Administrator, der umfassende Rechte besitzt. U. a. darf er Webseiten gegen Änderungen schützen, löschen oder verschieben und diese Rechte auch anderen Benutzern einräumen. Ebenso besitzt in den meisten Fällen ausschließlich der Administrator das Recht, eine frühere Version einer Webseite wiederherzustellen, während andere Benutzer allein die Versionshistorie ansehen dürfen. Man bezeichnet die Wiederherstellungsfunktion eines Wikis als Rollback. Abb. 7.4 zeigt die Versionshistorie einer Webseite aus dem Unternehmenswiki der Direct Media GmbH (**http://wiki.directmedia.de**).

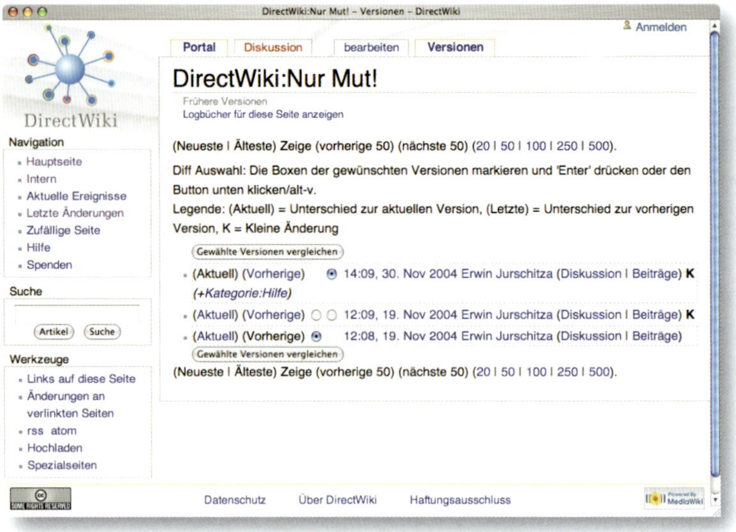

Abb. 7.4 Versionshistorie einer Webseite des DirectWiki

Wikis verändern die Art und Weise kooperativer Arbeit. Ein Text kann nicht mehr endgültig einem einzigen Autor zugewiesen werden, wie dies bspw. für E-Mails gilt. Die Versionshistorie bietet aber zunächst eine einfache Übersicht, wann welcher Benutzer eine entsprechende Webseite bearbeitet hat. Jeweils zwei Versionen lassen sich dann im Detail vergleichen (siehe Abb. 7.5) und ggf. eine frühere Version wieder herstellen. Dies bedeutet, dass für jede Webseite eines Wikis immer nur eine aktuelle, aber keine endgültige Version existiert. Man bezeichnet dies als Perpetual Beta, eine immerwährende Vorabversion. Der Administrator eines Wikis kann jedoch die jeweils aktuelle Version einer Seite gegen Änderungen schützen.

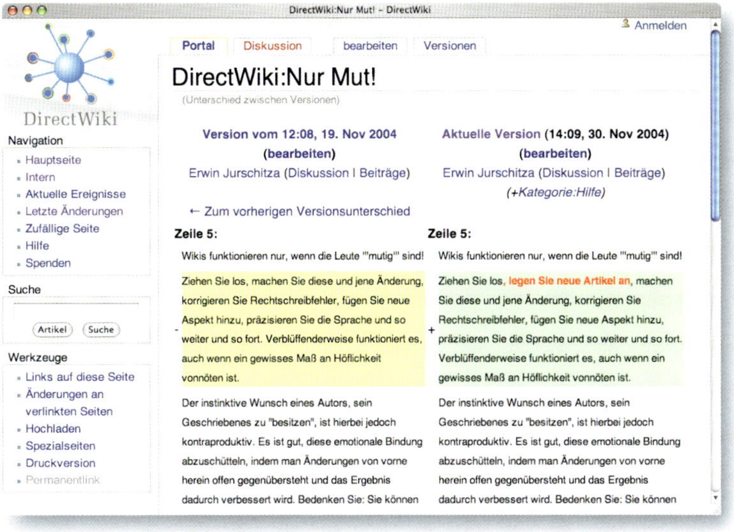

Abb. 7.5 Versionsvergleich einer Webseite des DirectWiki

Auf der linken Seite steht in gelber Farbe unterlegt der ursprüngliche Text, auf der rechten Seite dagegen in grüner Farbe unterlegt und mit roter Schrift gekennzeichnet der geänderte Text. Im Beispiel wurde in Zeile 5 eine Ergänzung im Text vorgenommen.

Die Wiederherstellungsfunktion (Rollback) ist ein wichtiger Bestandteil eines jeden Wikis, denn das offene Prinzip erlaubt Missbrauch, Vandalismus oder sogar Sabotage. Die Versionshistorie und die dazugehörige Wiederherstellungsfunktion sorgen dafür, dass innerhalb kürzester Zeit alle Änderungen an einer Webseite rückgängig gemacht werden können. Weiterhin vertrauen Wikis auf die Selbstreinigungsmechanismen der Gemeinschaft von Benutzern, nämlich dass jeder jede Webseite korrigieren kann. Laut einer Studie des IBM Watson Research Center (Viégas, Wattenberg, & Dave 2004) werden so die Hälfte aller Sabotageakte in der Wikipedia innerhalb von drei Minuten rückgängig gemacht.

7.2 Technische Voraussetzungen

Ein Wiki ist eine webbasierte Software, die für die kooperative Arbeit an Webseiten lediglich einen Webbrowser voraussetzt. Der Einsatz der Software selbst erfordert allerdings deutlich mehr technische Ressourcen. Im Prinzip ist ein Wiki eine Sammlung von Skripten (s. Kap. 3), die auf einem Webserver installiert und ausführbar ist. Der Inhalt der Webseiten eines Wikis ist meist in einer Datenbank gespeichert, die mit Hilfe der Skripte angesprochen werden kann. Ruft ein Benutzer eine Webseite auf, übernimmt ein Skript die Übersetzung des in der Datenbank gespeicherten Inhalts der Webseite in HTML, so dass der Browser diese anzeigen kann. Speichert ein Benutzer eine Webseite, sorgen wiederum andere Skripte dafür, dass der Inhalt der Webseite in der Datenbank abgelegt und die Versionshistorie fortgeführt wird. Abb. 7.6 stellt die verschiedenen technischen Ebenen eines Wikis schematisch dar.

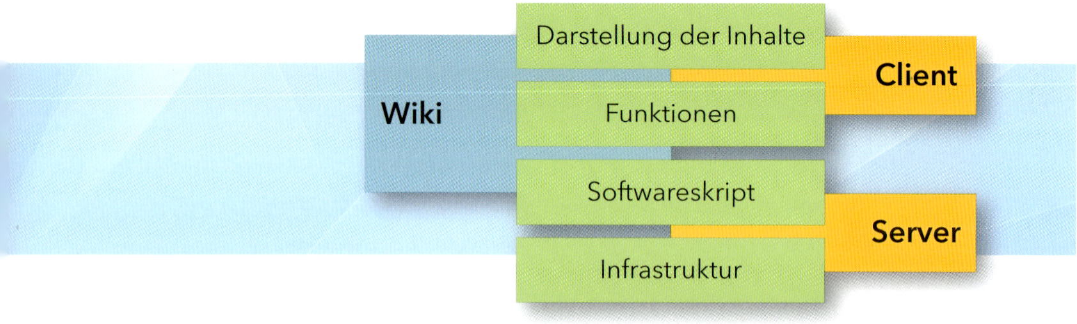

Abb. 7.6 Technische Ebenen eines Wikis

Während die kooperative Arbeit in einem Wiki mit jedem gängigen Browser möglich ist, bedarf es für den Betrieb eines Wikis zunächst der grundsätzlichen Entscheidung, ob das Wiki selbst oder von einem Dienstleister betrieben werden soll. Die Dienstleistung wird als Wiki-Hosting bezeichnet. Beide Fälle bieten aus unternehmerischer Sicht Vor- und Nachteile und entsprechend der Entscheidung müssen unterschiedliche technische Voraussetzungen erfüllt sein.

Für den Fall, dass das Wiki auf einem eigenen Server betrieben werden soll, gilt es unter anderen folgende technische Aspekte zu beachten (vgl. Ebersbach, Glaser & Heigl 2005, 260 ff.):

- Betriebssystem(e)
- Webserver
- Programmiersprache(n)
- Datenbank(en)
- Lizenz

Bspw. läuft MediaWiki unter den Betriebssystemen Linux, Mac OS X oder Windows, setzt einen Apache Webserver mit PHP-Unterstützung und eine MySQL-Datenbank voraus. MediaWiki ist als Open Source Software kostenlos im Internet erhältlich. Die Lizenzierung erlaubt die Nutzung der Software für kommerzielle Zwecke sowie deren Anpassung an unternehmerische Bedürfnisse.

Fällt die Entscheidung für den Betrieb eines Wikis auf einen Dienstleister, erübrigen sich oben stehende technische Voraussetzungen wie Betriebssystem(e), Webserver und Datenbank(en). Diese sind Teil der Dienstleistung Wiki-Hosting. Allerdings muss nun auf andere Gesichtspunkte geachtet werden. Hierzu zählen:

- Speicherkapazität
- Datensicherung und -sicherheit
- Möglichkeit der Darstellung der Unternehmensmarke (Corporate Branding)
- Übertragungsprotokoll(e)

Einige solcher Dienstleister sind z. B. PBwiki (**http://pbwiki.com**), Socialtext (**www.socialtext.com**) und Wikia (**www.wikia.com**). Sie bieten im Bereich Wiki-Hosting professionelle Lösungen für alle Unternehmensgrößen. Einige Kennzeichen ihrer Angebote gibt Tab. 7.2 wieder.

Name	PBwiki	Socialtext	Wikia
Speicherkapazität	5 GB	unbegrenzt	unbegrenzt
Datensicherung	Stündlich HTML-Export	Keine Angaben HTML-Export	Keine Angaben MySQL-Export
Datensicherheit	Privater und öffentlicher Zugang	Privater und öffentlicher Zugang	Nur öffentlicher Zugang
Corporate Branding	Ja	Ja	Ja
Übertragungsprotokoll(e)	HTTP, HTTPS	HTTP, HTTPS	HTTP
Preis/Monat	$5-35	ab $95	kostenlos

Tab. 7.2 Wiki-Hosting im Vergleich

Unabhängig davon, ob das Wiki selbst oder von einem Dienstleister betrieben werden soll, müssen unternehmenseigene Anforderungen an die Software erfüllt sein. Diese orientieren sich an Informations- und Kommunikationskultur, Ziel und Zweck des Einsatzes der Software, Kosten für Installation und Betrieb. Ein Anforderungskatalog sollte folgende Punkte enthalten:

- Allgemeine Funktionen
- Spezielle Merkmale
- Benutzerfreundlichkeit
- Medienunterstützung
- Statistische Auswertungen
- Unterstützung durch Softwareanbieter oder Dienstleister

Neben den drei oben beschriebenen Grundfunktionen eines Wikis existieren zahlreiche weitere, die von Nutzen sein können. Hierzu zählen unter anderem die Benachrichtigung über Änderungen im Wiki per E-Mail oder RSS. Spezielle Merkmale sprechen bspw. die Unterstützung von Unicode und die Auswahl an Sprachen für die Benutzeroberfläche des Wikis an. Im Rahmen der Benutzerfreundlichkeit bieten Symbolleisten für die Formatierung und Strukturierung von Inhalten, WYSIWYG-Editoren, automatische Unterschriften und persönliche Benutzeroberflächen einen Mehrwert. Verschiedene Wikis bieten jeweils unterschiedlichen Umgang mit Medien. Es stellt sich die Frage nach den unterstützten Datenformaten und ob für Dokumente ähnlich wie für Webseiten eine Versionshistorie geführt wird. Das Wiki sollte Statistiken über die letzten Änderungen, verwaiste und populäre Webseiten zur Verfügung stellen. Nicht zuletzt sollte die Unterstützungsleistung des Softwareanbieters oder Dienstleisters in Betracht gezogen werden, das heißt, ob die Software regelmäßig aktualisiert wird und ob Beratung für Installation und Betrieb angeboten werden.

Einen guten Überblick über das Angebot sowohl an eigenständiger Wiki-Software wie auch Wiki-Hosting bietet die Website WikiMatrix (**www.wikimatrix.org**).

7.3 Beispiele aus der Unternehmenspraxis

Nicht zuletzt der Erfolg der freien Enzyklopädie Wikipedia hat viele Unternehmen dazu bewogen, Wikis für ihre Zwecke einzusetzen (vgl. Bartel 2006). Im Folgenden bieten vier ausgewählte Beispiele einen ersten Einblick in die Unternehmenspraxis.

Dresdner Kleinwort Wasserstein (DrKW) ist der Investmentbereich der Dresdner Bank. Etwa 2.500 von weltweit 6.000 Mitarbeitern nutzen ein Wiki (vgl. **www.socialtext.com/node/80**). Im Jahr 2005 startete das Wiki zunächst auf Servern eines Dienstleisters. Einige wenige Mitarbeiter aus dem Bereich Informationsstrategie strukturierten das Wiki vor und stellten erste Inhalte ein. Per E-Mail informierte DrKW weitere Abteilungen und ermutigte auf informelle Art und Weise die Mitarbeiter zur Teilnahme. Mit zunehmender Nutzerzahl dehnte es die Unterstützungsleistung aus, bot Schulungen an und berief Themenverantwortliche. Auf einer einzigen Seite wurden Informationen zur neuen Software zusammengetragen, so dass die Mitarbeiter schnell einen Überblick über die Funktionen des Wikis gewinnen konnten. Häufig gestellte Fragen wurden aufgelistet und beantwortet. Im Frühling des Jahres 2006 zog das Wiki auf unternehmenseigene Server um.

DrKW nutzt das Wiki vor allem für die

- Verwaltung von Sitzungen,
- Sammlung und Dokumentation von Informationen und
- Präsentationsentwicklung.

Statt eine Agenda für jede Sitzung vorab in Papierform oder als E-Mail zu verteilen wird diese nun auf einer Webseite präsentiert. Alle Teilnehmer stellen ihre Diskussionspunkte und zusätzliche Materialien selbst ein, es bedarf keines Koordinators mehr. Das Wiki wird damit gleichzeitig zum Archiv von Sitzungsunterlagen.

Die Sammlung von Informationen beginnt zumeist als eine Auflistung von Ideen; durch kooperative Arbeit entsteht so über die Zeit hinweg ein eigenständiges Dokument. Einzelne Abeilungen nutzen diese Form der Dokumentation bereits, um alle ihre Veröffentlichungen anderen Abteilungen zugänglich zu machen.

Bei der Entwicklung von Präsentationen wird in vielen Unternehmen mehr Zeit auf das Erscheinungsbild der Folien verwandt, weniger auf deren Inhalt (vgl. Tufte 2003). Die Mitarbeiter von DrKW sammeln und strukturieren Präsentationsinhalte unabhängig von der optischen Darstellung im Wiki, so dass der inhaltliche Entwurf der Präsentation dort mit einem minimalen technischen Aufwand entsteht. Nach der Akzeptanz werden die finalen Präsentationsfolien mit einem geeigneten Darstellungsprogramm erstellt und wiederum zentral im Wiki zur Verfügung gestellt.

Motorola experimentierte seit dem Jahr 1999 mit verschiedenen Wikis, zunächst nur innerhalb eines einzelnen Projektteams, ein Jahr später bereits mit sieben thematisch verschiedenen Wikis. Etwa 60 regelmäßige Benutzer nutzten die Wikis für unterschiedliche Anwendungen wie z. B. Anforderungslisten, Newsgroups, schnelles Erstellen von Webseiten, Themen- und Problemlisten sowie Kalender für Gruppenmeetings. Auf organisatorischer Ebene gab es für jedes Wiki einen Verantwortlichen, normalerweise den Team- oder Projektleiter; eine weitere Person übernahm administrative Arbeiten (vgl. Puls, Bongulielmi & Henseler 2002). Im Jahr 2002 waren bereits fast 20 thematisch verschiedene Wikis im Einsatz. Zwei Jahre später installierte Motorola ein Wiki für alle Mitarbeiter der Zentrale (**http://twiki.org/cgi-bin/view/Main/TWikiSuccessStoryOfMotorola**).

Über ein Dutzend Projekte bei Novell nutzen ein Wiki als Plattform für kooperatives Arbeiten (**www.mediawiki.org/wiki/Sites_using_MediaWiki/corporate**). Teile des Wikis stehen auch registrierten Kunden über das Internet zur Verfügung. Abb. 7.7 zeigt die Hauptseite des Cool Solutions Wikis. Novell hat dabei MediaWiki an das äußere Erscheinungsbild seines Unternehmensauftritts angepasst.

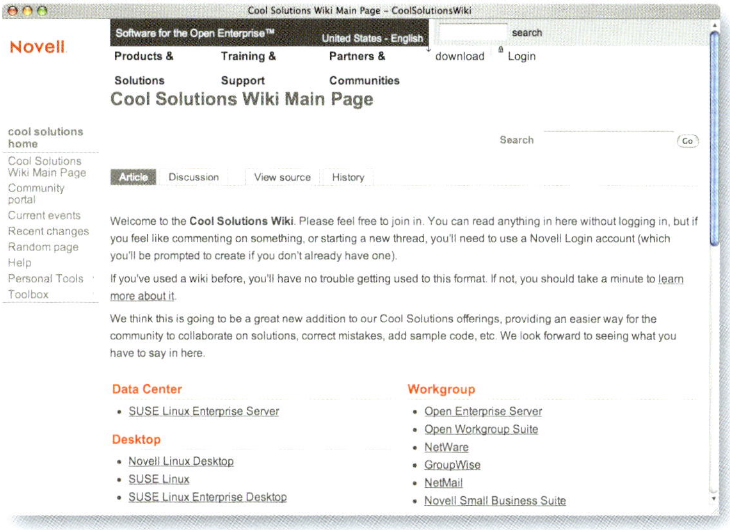

Abb. 7.7 MediaWiki im Einsatz bei Novell

Nicht nur Großunternehmen setzen Wikis für ihre Zwecke ein. Ein letztes Beispiel beschreibt den Fall der PSI AG (vgl. Müller & Dibbern 2006), ein deutsches Softwareunternehmen mit etwa 1000 Mitarbeitern. Das bestehende Intranet war zu statisch und auf die Dateisysteme konnte nicht unternehmensweit zugegriffen werden. Während zunächst separate Installationen von MediaWiki angedacht waren, sorgt heute ein zentrales Wiki für eine bessere Kommunikation und höhere Transparenz zwischen den Unternehmensbereichen und erleichtert so die projekt- oder bereichsspezifische Suche über alle Inhalte hinweg. Dennoch gliedert sich das Wiki in acht geschäftsbereichsübergreifende Themengebiete, die jeweils mit einem eigenen Portal im Wiki auffindbar sind. Auch hier gibt es Verantwortliche für jedes Themengebiet. Mit dem Einsatz eines Wikis wurde das Intranet, bei dem die Inhalte nur von wenigen Personen gepflegt werden, komplett aufgegeben. Es gibt kein Anreizsystem für das Erstellen von Inhalten. Das Wiki lebt davon, dass dessen Nutzen von den Mitarbeitern erkannt wird.

7.4 Nutzung durch KMU

Wikis stehen erst seit kurzer Zeit im strategischen Fokus von Unternehmen. Soweit sie bereits vorhanden sind, ist ihre Einführung oft auf die Initiative einzelner Mitarbeiter oder Abteilungen zurückzuführen. Nicht zuletzt sind viele Verantwortliche vom Beispiel der Wikipedia inspiriert. Spätere Korrekturen an Wikis sind jedoch nur mit großem Aufwand durchzuführen. Es empfiehlt sich daher eine strukturierte Vorgehensweise, um Wikis in KMU zu etablieren.

Die Einführung von Wikis sollte in den drei Phasen Planung, Prototyp und Produktion erfolgen. Dabei wird besonderer Wert auf die Gesichtspunkte Technik, Organisation und Mensch gelegt. Abb. 7.8 zeigt das Vorgehensmodell im Detail.

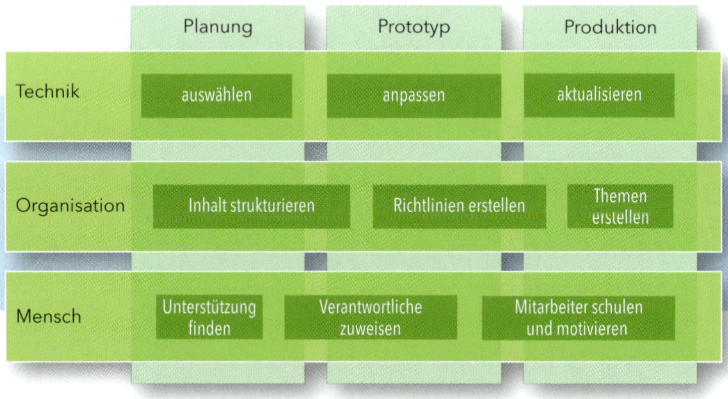

Abb. 7.8 Vorgehensmodell für die Einführung von Wikis

Im Rahmen der Planung stellt sich zunächst die Frage nach geeigneter Wiki-Software. Hier spielen unter anderem die technischen Voraussetzungen im Unternehmen eine Rolle. Aber auch die Informations- und Kommunikationskultur, Ziel und Zweck des Wikis und die Kosten für Installation und Betrieb sind Faktoren, die auf die Auswahl geeigneter Software einen Einfluss haben.

Im Bereich der Organisation gilt es, die zukünftigen Inhalte des Wikis soweit als möglich vorzustrukturieren. Dies kann in Form erster Webseiten für einzelne Abteilungen, Projekte und das gesamte Unternehmen erfolgen. Diese Webseiten bieten dann Rubriken wie Aktuelles, Diskussion, Dokumente, Produkte und Profile, um so den Zugang zu Informationen zu erleichtern. Die Strukturierung der Inhalte zieht sich gemeinhin bis in den Prototypen des Wikis hinein, sollte aber damit abgeschlossen sein.

Noch während der Planungsphase müssen einerseits interessierte und motivierte Mitarbeiter gefunden werden, die sich aktiv und rege am Aufbau des Wikis beteiligen. Diese können durchaus sofort mit unterschiedlichen Verantwortlichkeiten betraut werden. Zu denken ist hier an Verantwortliche für Themen, Abteilungen und Projekte. Andererseits benötigen Wikis die Unterstützung der Unternehmensführung. Diese bezeugt in ihrer Vorbildfunktion, dass es sich bei Wikis um ernstzunehmende Informations- und Kommunikationssysteme (IKS) handelt, die in ihrer Funktionsweise die Ziele und Zwecke des Unternehmens unterstützen.

Ist die Entscheidung für eine Wiki-Software gefallen, muss diese im nächsten Schritt installiert und angepasst werden. Je nach Software umfasst dies die Einstellung der Datenbank, Vergabe von Rechten, Änderungen am Erscheinungsbild u. ä. Arbeiten.

Vorstrukturierte Inhalte dienen der ersten Orientierung. Nutzungsrichtlinien bieten darüber hinaus grundsätzliche Hinweise für die tägliche kooperative Arbeit im Wiki. Sie sollten sich an bestehenden Betriebsvereinbarungen orientieren und im Wiki für alle Benutzer verfügbar sein.

Im Produktivbetrieb ist die Aktualisierung der Wiki-Software nicht zu vernachlässigen. Im Rahmen des Wiki-Hostings übernimmt diese Aufgabe der Dienstleister. Im Falle des Einsatzes auf eigenen Servern muss das Unternehmen selbst dafür Sorge tragen, die Software auf dem neuesten Stand zu halten. So ist gewährleistet, dass Softwarefehler und evtl. Sicherheitslücken nicht den Betrieb des Wikis beinträchtigen und neue Funktionen dem Benutzer zugänglich sind, wenn ihr Einsatz sinnvoll erscheint.

Mit dem produktiven Einsatz des Wikis können Themenportale für Abteilungen, Projekte und einzelne Mitarbeiter gebildet werden. Themenportale orientieren sich an der vorgeschlagenen Struktur des Wikis bzw. erweitern diese.

Für die meisten Unternehmen stellen Wikis nicht nur eine technische Neuerung dar, sie verändern auch die Art und Weise kooperativer Arbeit. Während Weblogs durch Subjektivität und Individualität geprägt sind, sollten Wikis die objektive Sichtweise der Gemeinschaft ihrer Benutzer vertreten. Gerade die Selbstorganisationsmechanismen dieser Gemeinschaft sind für den nachhaltigen Betrieb des Wikis von Bedeutung. Schon für den Prototypen gilt es deshalb, die ersten Mitarbeiter zu schulen und zu motivieren. Idealerweise beteiligen diese sich aktiv und rege am Aufbau des Wikis und inspirieren so andere Mitarbeiter.

Die Beschreibung des Vorgehensmodells für die Einführung von Wikis in KMU deutet schon einige Einsatzmöglichkeiten für verschiedene Unternehmensbereiche an. Die Aufgabe Projektmanagement soll an dieser Stelle exemplarisch für die Darstellung einiger Einsatzmöglichkeiten für Wikis dienen.

Unter einem Projekt ist dabei ein zeitlich begrenztes Vorhaben zu verstehen, das zum Ziel hat, ein Produkt zu entwickeln, eine Dienstleistung am Markt zu positionieren oder einen Geschäftsprozess im Unternehmen zu etablieren. Für die Projektphasen Definition, Planung, Durchführung und Abschluss existieren eine Reihe bekannter Spezialwerkzeuge wie Microsoft Project und in größeren Unternehmen SAP mit dem Projektsystem-Modul PS. Diese bieten jedoch kaum eine Plattform für die kooperative Arbeit innerhalb einer Projektgruppe. In diesem Aufgabenfeld kann ein Wiki sinnvoll eingesetzt werden (siehe Tab. 7.3).

Definition	Planung	Durchführung	Abschluss
Vorstudie	Personaleinsatz	Handbuch	Präsentationen
Risikoanalyse	Aufgabenpakete	Dokumentation	Abschlussberichte
Kosten/Nutzen-Betrachtung	Meilensteinplan	Planabweichungen	Revisionsdokumente
	Pflichtenheft	Terminplanung	
		Sitzungsprotokolle	

Tab. 7.3 Einsatzmöglichkeiten von Wikis im Projektmanagement

Projekte beginnen gemeinhin mit einer Vorstudie, die Risiken analysiert und Kosten gegen Nutzen abwägt. Eine allgemein gültige Vorlage für Vorstudien kann auf einer oder mehreren Seiten im Wiki vorhanden sein, die dann für ein Projekt nur kopiert werden muss. Die Vorstudie steht wie spätere Projektdokumente (Pflichtenheft, Projekthandbuch etc.) jederzeit, überall und allen berechtigten Benutzern zur Verfügung. Eine Vorstudie benötigt eine Reihe von Informationen, die im Wiki zentral gesammelt werden können. Hier bieten sich Hyperlinks zu externen Informationsquellen, Webseiten mit internen Statistiken und der Zugriff auf Dokumente an.

Die Projektplanung umfasst den Personaleinsatz, Aufgabenpakete, Meilensteine und das Pflichtenheft. Für alle Einsatzmöglichkeiten kann im Themenportal des Projekts eine eigene Rubrik mit jeweiligen Webseiten gebildet werden. Die Versionshistorie des Wikis sorgt für die Nachvollziehbarkeit der Dokumente über alle Projektphasen hinweg.

Während der Projektdurchführung nehmen Sitzungen einen Großteil der Managementtätigkeit in Anspruch. Für wöchentliche oder monatliche Sitzungen kann auf einer Webseite die jeweilige Agenda bereitgestellt und im Anschluss an die Sitzung die Seite um ein Protokoll ergänzt werden. Die Protokolle können dann von allen Teilnehmern auf Richtigkeit der Aussagen geprüft und gegebenenfalls direkt im Wiki korrigiert werden.

Mit Abschluss des Projekts stehen alle Dokumente und Informationen zentral bereit. Im Falle einer Revision kann diese alle Änderungen nachvollziehen und mit den entsprechenden Rechten ausgestattet sogar die Webseiten des Wikis gegen weitere Änderungen schützen. Die Rechteverwaltung kommt auch gerade im Rahmen von (geheimen) Entwicklungsprojekten zu Tragen, so dass nur die jeweiligen Projektmitarbeiter Zugang zum Wiki haben.

Viele der erwähnten Einsatzmöglichkeiten von Wikis sind ebenso in anderen Unternehmensbereichen denkbar (z. B. im betrieblichen Vorschlagswesen, in der Produktentwicklung und in der Kundenbetreuung). Im Allgemeinen ist zu betonen, dass die Kosten eines Wikis im Vergleich zu anderen Intranetlösungen und Spezialwerkzeugen geringer ausfallen. Zudem gewährleisten Wikis durch ihre Plattformunabhängigkeit immer und überall Zugang zu benötigten Informationen. Aus den Beispielen lassen sich eine Reihe erfolgskritischer Faktoren für den Einsatz von Wikis in Unternehmen ableiten (vgl. auch Smolnik & Riempp 2006, Komus 2006):

- Rege und aktive Beteiligung der Mitarbeiter
- Aktualität, Glaubwürdigkeit und Relevanz der Inhalte
- Freier Informationsaustausch und gegenseitige Kritikfähigkeit

Die mangelnde Beteiligung der Mitarbeiter und schlechte Strukturierung der Inhalte sind die häufigsten Probleme, die den Einsatz von Wikis in Unternehmen scheitern lassen. Egal, ob ein Wiki zunächst nur von einigen wenigen Mitarbeitern genutzt wird oder ob es gleich das bestehende Intranet ersetzt, kooperatives Arbeiten funktioniert nur, wenn ein gemeinsames Ziel verfolgt und die Beteiligten sich darüber auch im Klaren sind (Ebersbach, Glaser & Heigl 2005).

Wie die Beispiele weiterhin zeigen, empfiehlt es sich, einen Verantwortlichen für ein Wiki zu ernennen. Dieser sorgt vor allem durch seine Lobbyarbeit für Beständigkeit und Transparenz des Ziels. Daneben ist insbesondere die Qualitätssicherung bzgl. Inhalt und Struktur zu beachten. Eine schlechte Strukturierung von Inhalten reduziert schnell deren Aktualität, Glaubwürdigkeit und Relevanz. Wie aus vielen Unternehmensbereichen bekannt, ist es auch hier ratsam, einen Qualitätsbeauftragten zu bestimmen. Dieser muss nicht zwangsläufig die Administratorenrolle übernehmen, sollte aber bspw. über das Recht verfügen, Webseiten wiederherstellen zu dürfen. Ein Qualitätsbeauftragter gibt unter anderem Themenstrukturen vor, richtet Vorlagen für Webseiten ein und achtet auf verwaiste Hyperlinks, veraltete Texte und fehlende Dokumente.

Nicht zuletzt nimmt die Informations- und Kommunikationskultur eines Unternehmens eine wichtige Rolle für den erfolgreichen Einsatz von Wikis ein. Freier Informationsaustausch und gegenseitige Kritikfähigkeit übertreffen in ihrer Wirkung jegliches Anreizsystem.

8 Unternehmenssoftware als Service und Mashups

Webbasierte Software hat nicht erst mit dem Aufkommen des Web 2.0 Einzug in das WWW erhalten. Bereits Mitte der 90er Jahre des vergangenen Jahrhunderts gab es Software, mit der man seine E-Mail direkt in einem Webbrowser bearbeiten, seinen Kalender mit anderen Personen teilen oder gemeinschaftlich an einem Dokument arbeiten konnte. Diese unterschied sich jedoch in ihren Funktionen deutlich von auf einem Computer lokal installierter Software (Desktop-Software). Die zweite Generation webbasierter Software markiert in funktioneller und vor allem in technischer Hinsicht einen Fortschritt, der die Grenzen zwischen webbasierter und lokaler Software verschwinden lässt. Benutzer können so bspw. ihre E-Mail ohne offensichtliche Unterschiede in der Bedienung gegenüber spezieller E-Mail-Software in einem Webbrowser bearbeiten.

Software für Büroaufgaben und zur Unterstützung von Geschäftsprozessen muss heute in vielen Bereichen nicht mehr gekauft, sondern kann als webbasierter Service abonniert werden. Dadurch entfallen hohe Investitionen in Software und Hardware sowie hohe laufende Kosten für Administration und Wartung dieser Systeme. Wenn Software als Service aus dem Internet genutzt wird, ist es möglich, die Inanspruchnahme relativ schnell und flexibel den Geschäftsbedürfnissen anzupassen, weswegen dieses nachfragebasierte Modell englisch on-demand bezeichnet wird. Die Nachfrage und damit die Kosten werden in Benutzer pro Monat berechnet. Dieses Modell ist besonders für KMU geeignet, die nicht viel Kapital in Informationstechnologie binden möchten und über keine große Abteilung für entsprechende Aufgaben verfügen.

Im Web 2.0 findet sich webbasierte Software für eine Vielzahl von Aufgaben. Nicht nur E-Mail, Kalender und Dokumente können dort bearbeitet werden, auch Audiodateien, Bilder und Videos lassen sich im Rahmen einer Website editieren, schneiden und vertonen. Eine Reihe dieser Basisfunktionen sind bereits Bestandteil von Multimedia-Netzwerken (vgl. Kap. 4). Spezielle Dienste wie Snipshot (www.snipshot.com) oder Jumpcut (**www.jumpcut.com**) bieten darüber hinaus Funktionen, die vergleichbarer

Desktop-Software in Nichts nachstehen. Im Hinblick auf die Nutzung webbasierter Software durch KMU wird im Folgenden eine kleine Auswahl vorgestellt, die allgemeine Geschäftsprozesse unterstützt. Zum einen handelt es sich dabei um Software für verschiedene Büroaufgaben, zum anderen wird Software für das Projektmanagement näher betrachtet.

8.1 Funktionen webbasierter Unternehmenssoftware

Textverarbeitung und Tabellenkalkulation

Zwei der häufigsten Büroaufgaben sind die Textverarbeitung und die Tabellenkalkulation. Für diese Zwecke existiert webbasierte Software wie Google Text & Tabellen (http://docs.google.com) oder Zoho Virtual Office (http://vo.zoho.com). Beide Dienste bieten alle Basisfunktionen, die von Softwarepaketen wie Microsoft Office oder Open Office bekannt sind. Abb. 8.1 zeigt die Textverarbeitungssoftware Google Text, wie sie in einem Webbrowser erscheint.

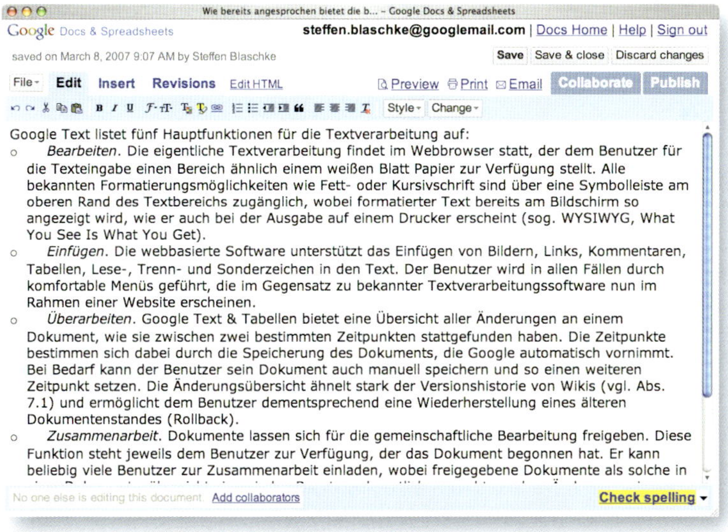

Abb. 8.1 Google Text

Google Text listet fünf Hauptfunktionen für die Textverarbeitung auf:

- **Bearbeiten.** Die eigentliche Textverarbeitung findet im Webbrowser statt, der dem Benutzer für die Texteingabe einen Bereich ähnlich einem weißen Blatt Papier zur Verfügung stellt. Alle bekannten Formatierungsmöglichkeiten wie Fett- oder Kursivschrift sind über eine Symbolleiste am oberen Rand des Textbereichs zugänglich, wobei formatierter Text bereits am Bildschirm so angezeigt wird, wie er auch bei der Ausgabe auf einem Drucker erscheint (sog. WYSIWYG, What You See Is What You Get).

- **Einfügen.** Die webbasierte Software unterstützt das Einfügen von Bildern, Links, Kommentaren, Tabellen, Lese-, Trenn- und Sonderzeichen in den Text. Der Benutzer wird in allen Fällen durch komfortable Menüs geführt, die im Gegensatz zu bekannter Textverarbeitungssoftware nun im Rahmen einer Website erscheinen.

- **Überarbeiten.** Google Text & Tabellen bietet eine Übersicht aller Änderungen an einem Dokument, wie sie zwischen zwei bestimmten Zeitpunkten stattgefunden haben. Die Zeitpunkte bestimmen sich dabei durch die Speicherung des Dokuments, die Google automatisch vornimmt. Bei Bedarf kann der Benutzer sein Dokument auch manuell speichern und so einen weiteren Zeitpunkt setzen. Die Änderungsübersicht ähnelt stark der Versionshistorie von Wikis (vgl. Abs. 7.1) und ermöglicht dem Benutzer dementsprechend eine Wiederherstellung eines älteren Dokumentenstandes (Rollback).

- **Zusammenarbeit.** Dokumente lassen sich für die gemeinschaftliche Bearbeitung freigeben. Diese Funktion steht jeweils dem Benutzer zur Verfügung, der das Dokument begonnen hat. Er kann beliebig viele Benutzer zur Zusammenarbeit einladen, wobei freigegebene Dokumente als solche in einer Dokumentenübersicht eines jeden Benutzers kenntlich gemacht werden. Änderungen in gemeinsam bearbeiteten Dokumenten lassen sich mit Hilfe von RSS abonnieren, so dass jeder Benutzer stets über aktuelle Änderungen informiert ist.

- **Veröffentlichen.** Benutzer können ihre Dokumente im Internet veröffentlichen, wo sie entweder unter einer eindeutigen Adresse bei Google für jeden zugänglich sind oder von der webbasierten Software direkt in einem Weblog des Benutzers bereitgestellt werden.

Neben diesen Hauptfunktionen stehen dem Benutzer eine Reihe weiterer Funktionen zur Verfügung. Dazu gehören die Rechtschreibprüfung, die Druckfunktion, der direkte Versand von Dokumenten per E-Mail und die Im- und Exportfunktion. Letztere verarbeitet Dokumente in den Datenformaten TXT, DOC, RTF, ODT und SXW für Texte und CSV, XLS und ODS für Tabellen.

Google und Zoho bieten neben Textverarbeitung und Tabellenkalkulation auch webbasierte Software für E-Mail, Kalender und Aufgabenplanung. Die Nutzung der Dienste ist für Privatpersonen kostenlos. Unternehmen zahlen für die Benutzung der webbasierten Google-Software eine jährliche Gebühr von $50 pro Benutzer. Zusätzlich erhalten sie damit die Möglichkeit, die Funktionen der Software in eigene Informations- und Kommunikationssysteme mittels einer API zu integrieren. Zoho bietet für Textverarbeitung und Tabellenkalkulation eine kostenlose API, verlangt aber für den Zugang zur gesamten Funktionspalette eine jährliche Gebühr von $36 pro Benutzer.

Projektmanagement

Zwei der bekanntesten Dienste für das Projektmanagement sind Basecamp (**www.basecamphq.com**) und Zoho Projects (**http://projects.zoho.com**). Deutschsprachige Alternativen wie Teamspace (**www.teamspace.de**) und Projectplace (**www.projectplace.de**) bieten zwar vergleichbare Funktionen, sind aber in technischer Hinsicht noch der webbasierten Software der ersten Generation zuzurechnen, was sich insbesondere in der fehlenden Bedienungsfreundlichkeit niederschlägt. Basecamp und Zoho Projects bieten weitgehend die gleichen Funktionen und decken damit die Basis für Projekte jeder Größe ab. Zu den Funktionen gehören:

- **Zeitmanagement.** Zeitplanung und -abrechnung sind wesentliche Bestandteile des Projektmanagements. Webbasierte Software unterstützt die Planung vor allem durch Kalender und Aufgabenpakete (s. unten). Die Abrechnung der geleisteten Arbeitszeit erfolgt automatisch über die An- und Abmeldung eines Mitarbeiters in der Projektmanagementsoftware. Insbesondere für Mitarbeiter, die an mehreren Projekten arbeiten, ist diese Funktion eine Erleichterung.

- **Gruppenkommunikation.** In Unternehmen läuft ein Großteil der Kommunikation unter Projektmitarbeitern über E-Mail. Webbasierte Software bietet neben diesem Kommunikationsmedium zusätzliche Wege, wie Mitarbeiter miteinander in Kontakt treten können. Hierzu zählen u. a. virtuelle Schwarze Bretter (Message Boards) und textbasierte Echtzeitkommunikation (Instant Messenger).

- **Kalenderfunktion.** In einem zentralen Projektkalender werden alle wichtigen Termine festgehalten. Projektmitarbeiter können außerdem einen persönlichen Kalender führen und diesen ganz oder in Teilen für andere Mitarbeiter freigeben. Mit Hilfe des Projektkalenders lassen sich so etwa Gruppensitzungen koordinieren, die dann automatisch in den persönlichen Kalendern der Projektmitarbeiter erscheinen.

- **Aufgabenverwaltung.** Projektmitarbeiter bekommen i. d. R. Aufgabenpakete zugewiesen, die als terminierte Listen in der Projektmanagementsoftware erscheinen. Erledigte Aufgaben können als solche markiert werden, während abgelaufene Aufgaben automatisch als offene Punkte im Kalender erscheinen oder der Projektleiter darüber informiert wird.

- **Berichtswesen.** Dem Projektleiter steht eine Reihe von Berichten zur Verfügung, die ihm stets einen Überblick über das aktuelle Projekt ermöglichen. Die Berichte betreffen u. a. die Aufgabenpakete und die Meilensteine. Sie können sowohl als einfache Liste wie auch als terminiertes Balkendiagramm angezeigt werden und sich dabei auf einzelne Mitarbeiter oder das gesamte Projekt beziehen.

- **Dokumentenmanagement.** Benutzer können lokal abgelegte Dokumente mit Hilfe der webbasierten Software auf einem zentralen Server allen Projektmitarbeitern zur Verfügung stellen. Dokumente in gängigen Datenformaten wie DOC, PDF, PPT, RTF und XLS werden direkt im Webbrowser angezeigt. Deren Bearbeitung erfolgt jedoch weiterhin in lokal installierten Anwendungen (z. B. Microsoft Office). Eine Integration von webbasierter Textverarbeitung oder Tabellenkalkulation bietet bisher noch keine Projektmanagementsoftware.

Abb. 8.2 zeigt in der webbasierten Software Zoho Projects eine Liste der aktiven Projekte (im Beispiel ein Projekt mit der Bezeichnung Web 2.0), darunter die aktuell am Projekt arbeitenden Mitarbeiter, sowie rechts davon eine Übersicht (Dashboard) über das entsprechende Projekt.

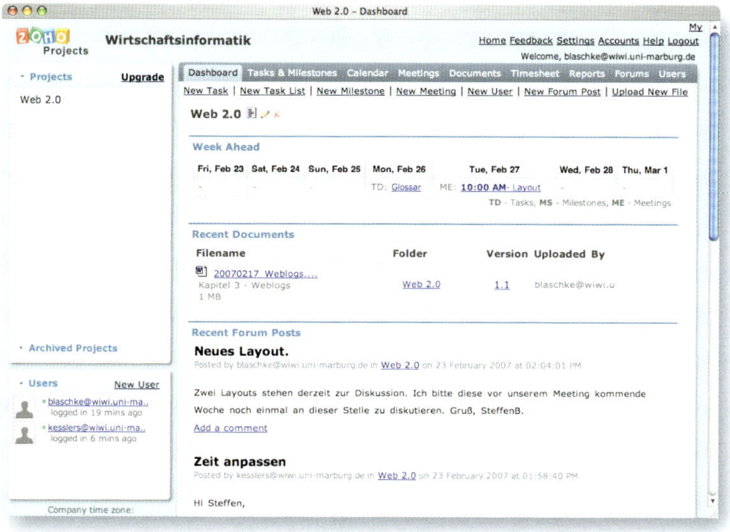

Abb. 8.2 Zoho Dashboard

In der Menüleiste der Projektübersicht sind weiterhin die oben beschriebenen Funktionen ersichtlich: Aufgabenverwaltung inkl. Meilensteine (Tasks & Milestones), Kalender (Calendar) mit Verwaltung von Gruppensitzungen (Meetings), Dokumentenmanagement (Documents), Zeitmanagement (Timesheet), Berichtswesen (Reports) und Gruppenkommunikation (Forums). Außerdem werden die kommende Woche im Überblick (Week Ahead), die letzten Dokumentenzugänge (Recent Documents) und Diskussionsbeiträge (Recent Forum Posts) aufgeführt.

Um Basecamp oder Zoho Projects nutzen zu können, muss sich ein Unternehmen zunächst bei einem der Dienste registrieren. Idealerweise übernimmt dies eine Person, die später über alle Projekte hinweg Einstellungen in der webbasierten Software vornehmen soll (z. B. ein Administrator). Diese Person besitzt damit u. a. das Recht, Projekte einzurichten und Mitarbeiter diesen zuzuweisen. Basecamp und Zoho Projects bieten an, ein einzelnes Projekt mit unbegrenzter Mitarbeiterzahl kostenlos zu führen. Tab. 8.1 zeigt einen Vergleich der beiden Dienste in jeweils drei unterschiedlichen Angebotskategorien.

	Enterprise		Standard		Basic	
Anbieter	Basecamp	Zoho	Basecamp	Zoho	Basecamp	Zoho
Anzahl Projekte	∞	∞	35	10	1	1
Speicherplatz	20 GB	5 GB	1 GB	2 GB	-	100 MB
Zeitmanagement	✓	✓	✓	✓	-	✓
Secure SSL	✓	✓	✓	✓	-	-
Kosten / Monat	$149	$80	$49	$12	kostenlos	kostenlos

Tab. 8.1 Webbasierte Projektmanagementsoftware Basecamp vs. Zoho Project

Mashups

Die Grenzen zwischen webbasierter und lokal installierter Software verschwimmen zunehmend, wie aus der bisherigen Übersicht deutlich zu erkennen ist. Nicht zuletzt trägt dazu die Nutzung von APIs bei. Diese erlauben jedoch nicht nur die einfache Integration von Software aus dem Internet und auf dem Desktop, sondern auch gerade die (Re-)Kombination mehrerer webbasierter Anwendungen zu einem neuen Dienst. Man bezeichnet dies als Mashup.

Das beste Beispiel ist die inzwischen weithin bekannte webbasierte Software Google Maps (**http://maps.google.de**), die weltweites Kartenmaterial im Internet öffentlich zur Verfügung stellt. Sie bietet eine Basis für verschiedene Dienste, die Google Maps mehr oder weniger in den Mittelpunkt ihres Angebots stellen (s. Abschnitt. 8.3). Die Integration von Google Maps in eigene Anwendungen und Dienste ist auch für kommerzielle Zwecke erlaubt und für bis zu 50.000 Anfragen pro Tag kostenlos. Googles API ist ausführlich dokumentiert (**http://code.google.com**). Weiterhin bieten auch soziale Netzwerke (vgl. Kap. 6) wie MySpace und Facebook inzwischen den Zugang zu ihren Diensten mittels APIs, die wiederum eine Reihe von Mashups nach sich ziehen (z. B. MySpace Friends Organizer oder Facebook Friend Mapper).

8.2 Technische Voraussetzungen

Während die webbasierte Software der ersten Generation noch stark an die Leistung von Servern gebunden war, wird in der zweiten Generation ein Großteil der Funktionen im Webbrowser und damit lokal ausgeführt. Dies macht sich vor allem dadurch bemerkbar, dass bei jedem Aufruf einer Webseite diese nun nicht mehr komplett neu geladen werden muss, sondern einzelne Teile der Webseite dynamisch ausgetauscht werden können. Daraus resultiert ein Eindruck der Interaktivität wie man es von lokal installierter Software gewöhnt ist. So kann der Benutzer bspw. Wörter in der webbasierten Textverarbeitung oder Zellen in der Tabellenkalkulation mit der Maus markieren, an eine andere Stelle ziehen und dort ablegen (Drag & Drop).

Die Basis dieser Interaktivität bildet ein programmiertechnisches Rahmenwerk, das als Ajax (Asynchronous JavaScript and XML) bekannt ist. Ein Benutzer benötigt lediglich einen Webbrowser, der die Nutzung der Programmiersprache JavaScript unterstützt und damit den Zugang zu Ajax ermöglicht. Aktuelle Webbrowser wie Internet Explorer und Firefox sind für alle gängigen Betriebssysteme erhältlich und bieten durchgängig Zugang zu Web 2.0-Anwendungen, die auf Ajax aufbauen. Abb. 8.3 verdeutlicht noch einmal den technischen Unterschied zwischen webbasierter Software der ersten und zweiten Generation.

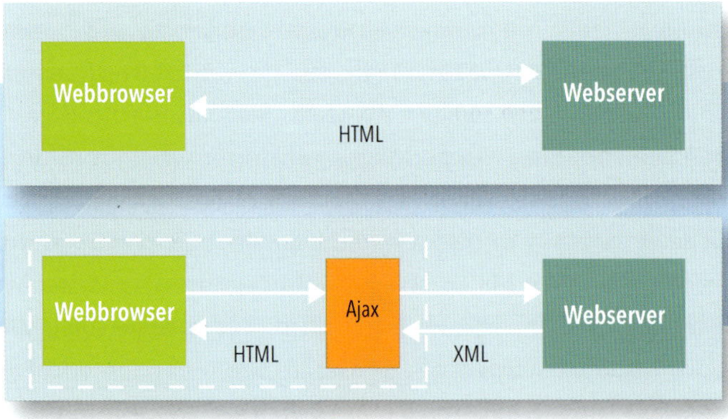

Abb. 8.3 Webbasierte Software der ersten und zweiten Generation

Um eine Webseite in einem Webbrowser anzuzeigen, stellt der Webbrowser zunächst eine Anfrage (HTTP-Request) an einen Webserver (z. B. Apache), der die Webseite vorhält. Der Webserver gibt daraufhin eine Antwort (HTTP-Response) in Form einer HTML-Datei, die der Webbrowser nun als Webseite anzeigt. Jede Interaktion eines Benutzers mit der angezeigten Webseite (z. B. das Ausfüllen eines Formulars) zieht eine erneute Anfrage an den Server und dessen Antwort nach sich, so dass jedes Mal die Webseite komplett neu geladen wird. In vielen Web 2.0-Anwendungen stellt der Webbrowser ebenfalls eine Anfrage, die er aber nicht direkt, sondern mittels Ajax an den Webserver übermittelt. Der Webserver antwortet mit einer XML-Datei, aus der Ajax eine HTML-Datei generiert, die der Webbrowser als Webseite anzeigt. Schon während einer Interaktion des Benutzers mit der angezeigten Webseite stellt Ajax im Hintergrund eine erneute Anfrage an den Webserver, der statt einer ganzen Webseite allerdings nur noch einzelne Bestandteile derer als XML-Datei liefert, so dass Ajax wiederum nur einzelne Bestandteile der HTML-Datei dynamisch austauschen kann. Ein gutes Beispiel für diese Interaktivität ist die automatische Ausfüllhilfe für Formulare. Noch während der Benutzer etwa einen Ortsnamen in einem Formular ausfüllt (Fra ...), werden ihm bereits Vorschläge innerhalb der Webseite unterbreitet (Fra ... nkenberg, Fra ... nkfurt am Main, Fra...nkfurt an der Oder), die im Hintergrund dynamisch nachgeladen werden.

Ein weiteres Konzept, das dem Themenbereich Web 2.0 zuzuordnen ist, sind die sog. Pipes. Dabei handelt es sich um eine von Yahoo entwickelte Technik (**http://pipes.yahoo.com**), mittels einer webbasierten Software Daten einzelner oder mehrerer Websites in einem einzigen Datenstrom (Feed) zusammenzuführen und diesen ggf. auch für eigene Zwecke anzupassen. Dieser Datenstrom lässt sich sodann ähnlich einem RSS-Feed abonnieren. Pipes erlauben es, auch ohne technische Fachkenntnisse Feeds für Unternehmenszwecke zu aggregieren. Sie können damit auch für das Monitoring von Websites eingesetzt werden.

8.3 Beispiele aus der Unternehmenspraxis

Webbasierte Software aller Art bietet sich insbesondere für den Einsatz in KMU an, wie eine Reihe von Fallbeispielen der Hersteller zeigt. Die Projektmanagementsoftware Basecamp etwa führt Kunden aus den Bereichen Architektur, Finanzen, Immobilien, Theater, Verlagswesen und Werbung auf. Google, Zoho und andere Unternehmen entwickeln ihre webbasierten Software kontinuierlich mit Hilfe ihrer Benutzer weiter und gewinnen neben den Privatkunden auch immer mehr Unternehmen hinzu.

Neben webbasierter Software, die unmittelbar die täglichen Geschäftsprozesse eines Unternehmens unterstützt, sind insbesondere Mashups offensichtliche Beispiele für das Web 2.0. Google Maps ist wohl die bekannteste Software, die bereits von einer Vielzahl von Unternehmen in ihre eigenen Dienste integriert wird. Mapits (**www.mapits.de**) etwa platziert Angebote von Immobilienportalen im Internet übersichtlich in einer Karte. Der Benutzer kann sich so einen Überblick aller angebotenen Wohnungen in einer Stadt seiner Wahl verschaffen. Folgende Abb. 8.4 zeigt Wohnungen, die in Frankfurt zu einem bestimmten Zeitpunkt zu vermieten sind.

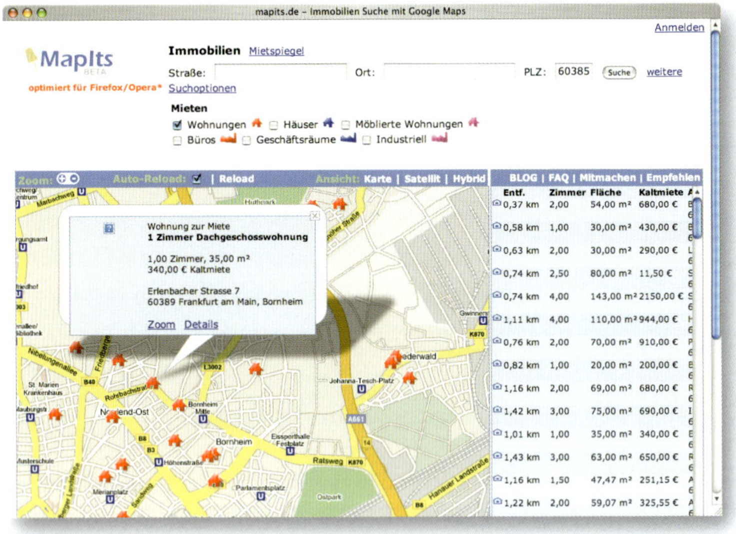

Abb. 8.4 Immobiliensuche mit Mapits unter Nutzung von Google Maps

Ein weiteres Beispiel ist das virtuelle Stadtmagazin Qype (**www.qype.com**), das als soziales Netzwerk seinen Benutzern Erfahrungsberichte anderer Benutzer bietet. Dabei positioniert Qype die Erfahrungsberichte zu Ärzten, Handwerkern, Geschäften, Restaurants, Museen und vielem mehr mit dem Symbol eines Sterns auf einer Google Map. Benutzer erkennen so sofort, zu welchen Ärzten, Handwerkern usw. in einer bestimmten Umgebung bereits Erfahrungsberichte existieren. Neben Google Maps werden inzwischen auch andere Google-Dienste verstärkt für Mashups genutzt. Der Anbieter webbasierter on-demand Software für Kundenbeziehungsmanagement, Salesforce (**www.salesforce.com**), bietet die Integration von AdWords (**http://adwords.google.com**), dem Online-Anzeigenservice von Google, an. So kann der Benutzer direkt aus der webbasierten Anwendung von Salesforce heraus einzelne Suchworte belegen, die zur Anzeige seiner Werbung führen sollen. Die Reaktion der Benutzer, in Form von Klicks auf die Anzeige und Daten zu danach folgenden Aktionen, z. B. Online-Kauf eines Produkts, werden wieder alle in der Anwendung von Salesforce zusammengeführt und erlauben so eine genaue Erfolgsmessung der Kampagnen mit AdWords.

8.4 Nutzung durch KMU

Die Palette an webbasierter Software reicht inzwischen von E-Mail, Kalender und Aufgabenverwaltung über Textverarbeitung, Tabellenkalkulation und Präsentationen bis hin zum Projektmanagement, Bild- und Videobearbeitung. Noch sind etwa die Textverarbeitung und Tabellenkalkulation von Google und Zoho kein vollwertiger Ersatz für ein auf einem Computer lokal installiertes Office-Paket, denn es fehlen vor allem erweiterte Funktionen wie Synonymvorschläge und statistische Berechnungen. Dennoch sind sie schnell und komfortabel genug, um die üblichen Büroaufgaben von überall aus erledigen zu können. Als Vorteile webbasierter Software sind vor allem die (1) Plattformunabhängigkeit, (2) Aktualität und (3) Kooperationsmöglichkeiten zu nennen.

- **Plattformunabhängigkeit.** Für die Nutzung webbasierte Software benötigt man lediglich einen aktuellen Webbrowser, wie er für alle gängigen Betriebssysteme meist kostenlos erhältlich ist. Man kann bspw. im Büro beginnen, ein Dokument im Internet Explorer zu schreiben; zu einem späteren Zeitpunkt lässt sich das Dokument dann zu Hause im Firefox weiter bearbeiten. Das eigentliche Dokument muss dabei zwischen dem Arbeits- und dem privaten Computer nicht ausgetauscht werden, da es stets an zentraler Stelle auf einem Server im Internet zur Verfügung steht.
- **Aktualität.** Webbasierte Software ist immer auf dem aktuellen Stand. Der Anbieter spielt evtl. Updates einmal auf den Server auf und stellt diese somit für alle Benutzer unmittelbar bereit. Hierbei vermindert sich unmittelbar der administrative Aufwand für die Computer im Unternehmensnetzwerk. Weiterhin bietet webbasierte Software damit einen aktuellen Schutz gegenüber Viren und Trojanern. Da die Dokumente ebenfalls auf dem Server liegen, können bspw. mit Makro-Viren verseuchte Dokumente keinen Schaden auf dem Computer des Benutzers anrichten.

- **Kooperationsmöglichkeiten.** Die oben vorgestellte webbasierte Software beweist ihre Stärke vor allem in ihren Funktionen für die Kooperation unter Benutzern. Dokumente können oft in nur wenigen Schritten für weitere Benutzer zugänglich gemacht werden, ohne dass diese Berechtigungen für Gruppenlaufwerke, Unternehmensnetzwerke oder ähnliche Ressourcen benötigen. Auch lokal installierte Software bietet dahingehende Funktionen, die aber häufig auf lokale Netze begrenzt sind.

Häufig wird als weiterer Vorteil webbasierter Software deren kostenlose oder zumindest kostengünstige Benutzung gezählt. Dies ist jedoch kein exklusiver Vorteil. Im Open Source Bereich gibt es zahlreiche kostenlose Software, wie z. B. Open Office (**http://de.openoffice.org**), deren Funktionen in wesentlichen Punkten deutlich über die derzeit angebotenen Funktionen webbasierter Software hinausreichen.

Neben den genannten Vorteilen sind allerdings auch einige mögliche Nachteile der Nutzung webbasierter Software zu nennen:

- **Ladezeiten.** Trotz konsequenter Anwendung von Ajax ist ggf. mit langen Ladezeiten für die Darstellung einer Website im Webbrowser zu rechnen. Einerseits sind hierfür die Anbieter webbasierter Software verantwortlich, deren Serverkapazitäten häufig dem wachsenden Benutzeransturm nicht gewachsen sind. Andererseits kann auch der Zugang zum Internet eines jeden Benutzers selbst aufgrund hohen Datenaufkommens im Internet sehr langsam sein.
- **Datensicherheit.** Webbasierte Software setzt fast ausnahmslos auf unverschlüsselte Datenverbindungen. Gerade kritische Dokumente, sei es deren Inhalt oder Beständigkeit nach, sollten (noch) lokal bearbeitet und gespeichert werden. Im Hinblick auf die Speicherung der Dokumente sichern die Anbieter webbasierter Software zwar Speicherplatz in meist ausreichender Menge zu, geben aber keine Garantie für die Datensicherheit, wie sie bspw. von vertraglich zugesicherten Ausfallwahrscheinlichkeiten von Hardware bekannt ist.

Soweit die webbasierte Software eine Nutzung mittels einer API erlaubt, ergibt sich daraus eine Reihe unternehmerischer Möglichkeiten, die durch Desktop-Software nicht oder nur schwer realisierbar ist (z. B. stellt Google zwar Kartenmaterial öffentlich zur Verfügung, besitzt aber das exklusive Recht, jederzeit mit der Gebührenerhebung zu beginnen). Der kreativen Nutzung steht grundsätzlich nur der programmiertechnische Aufwand zur Anbindung der jeweiligen API in die eigenen Informations- und Kommunikationssysteme bzw. in die eigene webbasierte Software entgegen.

Für die Einführung webbasierter Software durch KMU bietet sich eine Vorgehensweise an, die bereits im Rahmen der Beschreibung der Funktionen (siehe Kap. 8.1) angedeutet wurde. Da die Dienste grundsätzlich eine Registrierung erfordern, empfiehlt es sich zunächst, diese durch eine Person durchführen zu lassen, die später auch Einstellungen an der webbasierten Software vornimmt. Im Allgemeinen wird es sich dabei um einen Administrator handeln, der im Umgang mit Passwortverwaltung u. ä. geübt ist. Diese Person kann sodann den Zugang zur Software für weitere Benutzer einrichten. Weiterhin sollte die gleiche oder eine andere Person sich mit den Funktionen webbasierter Software vertraut machen, um so schnell und flexibel auf Fragen späterer Benutzer antworten zu können. Ein Großteil der Dienste bietet zwar selbst schon innerhalb der Software Hilfestellung an (z. B. eine Liste mit häufig gestellten Fragen), dennoch sind Benutzer aus eigenem Arbeits- und Kommunikationsumfeld oft eine vertrauensvollere Quelle, nicht zuletzt im Hinblick auf die unternehmensspezifische Nutzung der Software. Ein zunächst beschränkter Benutzerkreis bietet den Vorteil, dass die einzelnen Personen nach gewisser Zeit als Experten die Verbreitung der Software im Unternehmen vorantreiben können.

9 Fazit

In den vorhergehenden Kapiteln wurden die verschiedenen Arten der Web 2.0-Anwendungen einzeln vorgestellt. Sie können nach verschiedenen Kriterien miteinander verglichen werden. Die Inhalte gruppieren sich um einzelne Personen und ihre Ansichten oder um Ereignisse und Objekte herum:

- **Personenzentriert.** Blogs, Bilder, Pod- und Videocasts, Soziale Netzwerke
- **Sachzentriert.** Social Bookmarking, Wikis, webbasierte Unternehmenssoftware

Die Gemeinsamkeit der Mitglieder kann auf einem der folgenden Kriterien beruhen:

- **Geografie.** Z. B. eine lokal definierte Gruppe innerhalb einer Netzgemeinschaft
- **Demografie.** Hierunter fallen auch Lebensphasen, z. B. eine Netzgemeinschaft für Schüler
- **Themenorientiert.** Z. B. eine Site zur Ausstellung und Bewertung künstlerischer Bilder, eine Site für Social Bookmarking von Nachrichten über technische Neuigkeiten oder ein firmeninternes Wiki über Produkte

Wenn man die Benutzeraktivitäten in den Anwendungen vereinfachend als Information, Interaktion und Kollaboration zusammenfasst, dann verteilen sich die Schwerpunkte der Web 2.0-Anwendungen auf diese Aktivitäten wie in Abb. 9.1 dargestellt. Transaktionen wie Bestellungen spielen hier derzeit keine wichtige Rolle.

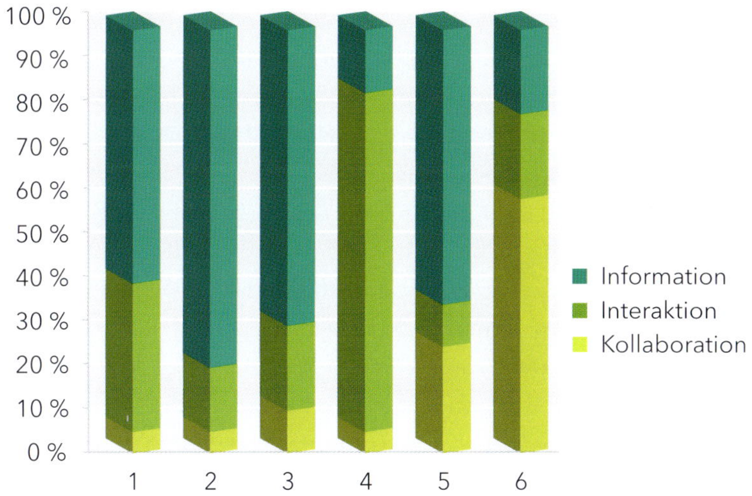

1. Weblogs (Kap. 3), 2. Podcasts, Bilder und Videos (Kap. 4), 3. Social Bookmarking (Kap. 5), 4. Soziale Netzwerke (Kap. 6), 5. Wikis (Kap. 7), 6. Webbasierte Software (Kap. 8)

Abb. 9.1 Schwerpunkte der Web 2.0-Anwendungen

Ein Unternehmen kann die beschriebenen Kriterien bei der Auswahl der Anwendungen verwenden. Die einzelnen Anwendungen können je nach Bedarf und Ressourcen auch alternativ eingesetzt werden. So eignen sich Wikis besonders gut für Lernen und Wissensmanagement, aber diese Funktionen können teilweise auch mit Blogs realisiert werden. Den größten Nutzen erreicht man jedoch mit abgestimmter Nutzung verschiedener Anwendungen. Ein noch nicht typisches, aber bemerkenswertes Beispiel für die Nutzung verschiedener Funktionalitäten von Web 2.0 in einem Unternehmen wurde bei IBM initiiert. Dabei haben über 150.000 Teilnehmer aus 104 Ländern, vorwiegend Mitarbeiter aber auch manche Kunden, 46.000 Ideen in einem „Innovation Jam" vorgeschlagen, diskutiert und weiter verfeinert, um nun einige davon in Arbeitsgruppen zum Einsatz zu bringen (Kircher 2007).

Die erste Generation der Webanwendungen diente vorwiegend Information und Transaktion. Kommunikation wird dort vornehmlich nicht über das Web, sondern über gesonderte Internetdienste (E-Mail, Usenet) abgewickelt. Webseiten der Unternehmen, Preisvergleichsdienste, Webseiten für Testberichte und Kundenmeinungen haben zu einer größeren Transparenz bzgl. Preisen, Produktverfügbarkeit und teilweise Qualität von Produkten und Dienstleistungen geführt. Die zweite Generation der Webanwendungen verstärkt diese Transparenz und ergänzt sie um mehr Transparenz bzgl. Unternehmen als gesellschaftliche Akteure und ihrer Repräsentanten. Neue, oft unerwartete Meinungsführer bilden sich heraus, Mund-zu-Mund-Propaganda erhält eine technologische Infrastruktur, die sie noch stärker werden lässt. Damit wächst die Macht der Konsumenten in entwickelten Volkswirtschaften weiter. Außerdem bieten die Anwendungen Möglichkeiten an, mehr über Kunden und (potentielle) Mitarbeiter zu erfahren und Kunden stärker in die Entwicklung neuer Produkte und Dienstleistungen zu involvieren. Während große Unternehmen manche der oben besprochenen Funktionalitäten auf eigenen Websites anbieten können, so etwa eine Netzgemeinschaft um eigene Produkte herum, bieten die Anwendungen des Web 2.0 gerade KMU Chancen, an den wirtschaftlichen und gesellschaftlichen Veränderungen mit Erfolg teilzunehmen.

Referenzen

Anderson, Chris (2004)

The Long Tail. Wired 12.10.2004, www.wired.com/wired/archive/12.10/tail.html, Abruf v. 1.3.2007.

Copeland, Michael V. (2006)

The Missing Link. Business 2.0 Magazine, 28.2.2007, http://money.cnn.com/magazines/business2/business2_archive/2006/12/01/8394967/index.htm, Abruf v. 1.3.2007.

Ebersbach, Anja, Markus Glaser & Richard Heigl (2005)

WikiTools: Kooperation im Web. Springer.

Eck, Klaus (2006)

Weblogs in der Kundenkommunikation. In Torsten Schwarz & Gabriele Braun (Hrsg.), Leitfaden Integrierte Kommunikation: Wie Web 2.0 das Marketing revolutioniert. Absolit, Waghäusel, 201-214.

Fischer, Tim (2006)

Die Entwicklung von Weblog Issues am Beispiel des Klingeltonanbieters Jamba. In: Arnold Picot & Tim Fischer (Hrsg.), Weblogs professionell: Grundlagen, Konzepte und Praxis im unternehmerischen Umfeld. dpunkt.verlag, Heidelberg, 247-252.

Gartner (2005)

Consumerisation is the future of IT, says Gartner. Business Standard 11.11.2005.

Giles, Jim (2005)

Internet Encyclopedias Go Head to Head. Nature 438, 900-901.

Kircher, Herbert

Web 2.0 - Plattform für Innovation, it - Information technology 49 (2007) 1, 63-65.

Komus, Ayelt (2006)

Social Software als organisatorisches Phänomen - Einsatzmöglichkeiten in Unternehmen. HMD - Praxis der Wirtschaftsinformatik 252, 36-44.

Kuhlenkamp, Andreas, Shakiib Manouchehri, Ines Mergel & Udo Winand (2006)

Privatsphäre versus Erreichbarkeit bei der Nutzung von Social Software. HMD - Praxis der Wirtschaftsinformatik 252, 27-35.

Leuf, Bo & Ward Cunningham (2001)
The Wiki Way: Quick Collaboration on the Web. Addison-Wesley.

Majchrzak, Ann, Christian Wagner & Dave Yates (2006)
Corporate Wiki Users: Results of a Survey. Proceedings of the 2006 International Symposium on Wikis, ACM Press, 99-104.

Möller, E. (2006)
Die heimliche Medienrevolution: Wie Weblogs, Wikis und freie Software die Welt verändern. 2. Auflage. Heise.

Müller, Claudia & Peter Dibbern (2006)
Selbstorganisiertes Wissensmanagement in Unternehmen auf Basis der Wiki-Technologie - ein Anwendungsfall. HMD - Praxis der Wirtschaftsinformatik 252, 45-54.

O'Reilly, Tim (2005)
What is Web 2.0: Design Patterns and Business Models for the Next Generation of Software, O'Reilly Network 30.9.2005, www.oreillynet.com/pub/a/oreilly/tim/news/2005/09/30/what-is-web-20.html, Abruf v. 1.3.2007.

O'Reilly, Tim (2006)
Levels of the Game: The Hierarchy of Web 2.0 Applications. O'Reilly Radar 17.7.2006, http://radar.oreilly.com/archives/2006/07/levels_of_the_game.html, Abruf v. 1.3.2007.

Przepiorka, Sven (2006)
Weblogs, Wikis und die dritte Dimension. In Arnold Picot & Tim Fischer (Hrsg.). Weblogs professionell: Grundlagen, Konzepte und Praxis im unternehmerischen Umfeld. dpunkt.verlag, Heidelberg, 13-27.

Puls, Christoph, Luca Bongulielmi & Patrick Henseler (2002)
Leitfaden für den Aufbau einer Wissensbasis mit Hilfe von Wikis. Zentrum für Produktentwicklung, Eidgenössische Technische Hochschule Zürich.

Schmidt, Jan (2006)
Weblogs: eine kommunikationstheoretische Studie. UVK, Konstanz.

Smolnik, Stefan & Gerold Riempp (2006)
Nutzenpotenziale, Erfolgsfaktoren und Leistungsindikatoren von Social Software für das organisationale Wissenmanagement. HMD - Praxis der Wirtschaftsinformatik 252, 17-26.

Surowiecki, James (2004)
The Wisdom of Crowds: Why the Many are Smarter Than the Few and how Collective Wisdom Shapes Business, Economies, and Nations. Doubleday, New York, NY.

Tufte, Edward R. (2003)
The Cognitive Style of PowerPoint. Graphics Press, Cheshire, CN.

Viégas, Fernanda B., Martin Wattenberg & Kushal Dave (2004)
Studying Cooperation and Conflict between Authors with *history flow* Visualization. CHI 2004. Wien, Österreich. 24-19 April 2004.

Westner, Markus K. (2005)
Übersicht über aktuelle Weblog-Skripte und -Services.
In: Picot, Arnold & Tim Fischer (Hrsg.), Weblogs professionell: Grundlagen, Konzepte und Praxis im unternehmerischen Umfeld. dpunkt.verlag, Heidelberg, 175-190.

Zerfaß, Ansgar (2005)
Corporate Blogs: Einsatzmöglichkeiten und Herausforderungen.
In: BlogInitiativeGermany vom 27.1.2005, 1-9.

10 Glossar

Ajax
Asynchronous *JavaScript* and XML ist ein programmiertechnisches Rahmenwerk, das den dynamischen Datenaustausch zwischen einem Webbrowser und einem Webserver regelt und damit die Interaktivität von Websites ermöglicht.

Apache
Server-Software, die der Auslieferung von Webinhalten dient. Apache ist der momentan meistgenutzte Webserver und steht als *Open Source Software* für viele Betriebssysteme zur Verfügung.

API
Ein Application Programming Interface (Anwendungsprogrammierschnittstelle) dient dazu, eigene Anwendungen auf Quelltextebene an externe Anwendungen anzubinden. APIs werden verstärkt im Bereich von Internetdiensten zur Verfügung gestellt, bspw. zur Realisierung von Mashups.

Auszeichnungssprache
Eine Auszeichnungssprache dient zur Beschreibung der Daten und teilweise des Verfahrens, das zur Bearbeitung dieser Daten nötig ist.

Avatar
Grafischer Stellvertreter, der eine virtuelle Identität von Personen im Internet durch eine (zwei- oder dreidimensionale) Grafik darstellt. Zweidimensionale Avatare werden dabei vorwiegend im World Wide Web genutzt, dreidimensionale Avatare in virtuellen Welten wie bspw. Second Life.

Blogosphäre
Engmaschige Vernetzung von Weblogs im Word Wide Web, die vor allem durch gegenseitige Kommentare, *Trackbacks* und *Blogrolls* entsteht. Der Begriff Blogosphäre wird dabei oft als Synonym für die öffentliche Meinung im Internet verwendet.

Blogroll
Eine Liste mit Hyperlinks zu anderen Weblogs oder Webseiten in einem Weblog. Blogrolls tragen damit zusammen mit Kommentaren und *Trackbacks* maßgeblich zur Vernetzung zwischen Weblogs bei.

Folksonomy
Die Gesamtheit von Schlagwörtern, die durch das *Tagging* von Objekten entsteht, sowie die dadurch entstehenden Kategorien. Die Kategorisierung der Objekte wird implizit, über die Schlagwörter, von den beitragenden Benutzern vorgenommen. Die Objekte können Bilder, Videos, Blogbeiträge, Kommentare usw. sein.

GPL
Die General Public License ist eine von der Free Software Foundation herausgegebene Lizenz für die Nutzung freier Software. Sie ist im Rahmen des GNU-Projektes („GNU is not Unix") entstanden und erlaubt den Einsatz der Software auch für kommerzielle Zwecke; eine unbeschränkte Weitergabe veränderter Versionen einer GPL-Software ist nur dann erlaubt, wenn der Ersteller diese auch unter der GPL zur Verfügung stellt.

HTML
Die Hypertext Markup Language ist eine Auszeichnungssprache, die zur Festlegung der Darstellung von Inhalten in Dokumenten dient. Damit kann z. B. bestimmt werden, dass ein Wort fett oder eine Wortgruppe als Überschrift dargestellt wird. HTML-Dokumente bilden, insbesondere in Zusammenhang mit der Verlinkung durch Hyperlinks, die Grundlage des World Wide Web.

JavaScript
Skriptprogrammiersprache, die hauptsächlich im Bereich der Realisierung dynamischer Websites auf der Seite des Webbrowsers (clientbasiert) eingesetzt wird.

LAMP
Die Software-Infrastruktur auf einem Webserver, der dynamische Webseiten zur Verfügung stellt, wird oftmals aus den Komponenten *Linux*, *Apache*, *MySQL* und *PHP* zusammengestellt. Alle Komponenten stehen als *Open Source Software* zur Verfügung und haben sich in ihrem Zusammenspiel vielfach bewährt.

Linux
Open Source Betriebssystem, das unter der *GPL* lizensiert ist und insbesondere im Serverbereich eingesetzt wird. Ursprünglich von Linus Torvalds entwickelt, wird die Entwicklung inzwischen weltweit von Unternehmen, nicht gewinnorientierten Organisationen sowie Einzelpersonen vorangetrieben.

Mashup
(Re-)Kombination bestehender Inhalte unterschiedlicher Quellen zu neuen Inhalten. Dabei stellen unabhängige Anwendungen auf unterschiedlichen Webservern Text, Bilder oder Videos sowie beliebige weitere Inhalte wie bspw. geographische Daten zur Verfügung, die auf einer Website zu einem neuen Inhalt kombiniert werden.

Multimedia
Bezeichnung für Inhalte, die aus mehreren digitalen Medien bestehen, also bspw. ein Weblog, das neben Text auch Grafiken, Fotos, Animationen, Audiobeiträge oder Videos enthält. Im täglichen Sprachgebrauch werden oft nicht-textuelle Objekte (z. B. Videos), die eigentlich nur ein Medium nutzen, auch als multimediale Objekte bezeichnet.

MySQL
Datenbankmanagementsystem der schwedischen Firma MySQL AB, das als *Open Source Software* erhältlich ist. Es ist zudem eine kommerzielle Variante verfügbar (duale Lizenz).

On-demand Software
Software wird als Service über das Web angeboten. Die Abrechnung erfolgt i. d. R. nach Anzahl der Benutzer pro Monat.

Open Source Software

Software, für die der Programmquellcode offen zur Verfügung gestellt wird. Dies eröffnet die Möglichkeit, sich an der Entwicklung zu beteiligen, sowie Anpassungen für den eigenen Gebrauch vorzunehmen. Open Source Software kann i. d. R. auch kommerziell unentgeltlich genutzt werden; bspw. bei einer Lizensierung unter der GPL.

Permalink

Aus den englischen Begriffen *permanent* und *link* zusammengesetzte Bezeichnung für eine beständige Adresse im World Wide Web, unter der sich bspw. Beiträge eines Weblogs jederzeit auffinden lassen.

Perpetual Beta

Englischer Begriff, der den Zustand einer Software als eine immerwährende Vorabversion bezeichnet, auch wenn sie sich im produktiven Einsatz befindet. Die Software wird dabei auch mit Hilfe ihrer Benutzer kontinuierlich weiterentwickelt, ohne dass jemals eine finale Version angestrebt würde, wie es bei gekaufter Software üblich ist.

PHP

Serverbasierte *Skriptprogrammiersprache*, die als *Open Source Software* zur Verfügung steht und unter der *GPL* lizensiert ist. Sie wird hauptsächlich im Bereich der Realisierung dynamischer Websites eingesetzt.

Pipes

Eine von Yahoo entwickelte Technik, mit Hilfe einer webbasierten Software öffentliche Daten einer einzelnen oder mehrerer Websites in einem einzigen Datenstrom (Feed) zusammenzuführen. Dieser Datenstrom kann weiterhin für eigene Zwecke angepasst werden und lässt sich sodann ähnlich einem *RSS-Feed* abonnieren.

Plug-in

Softwaremodul, das ein Softwareprodukt hinsichtlich seiner Funktionalität erweitert. Plug-ins sind üblicherweise auf die Erweiterung eines bestimmten Softwareproduktes zugeschnitten und unabhängig von diesem nicht lauffähig.

Podcast

Zusammengesetzter Begriff aus dem Namen des populären MP3-Players iPod von Apple und dem englischen Begriff Broadcast (Rundfunk). Ein Podcast beschreibt eine Serie radioähnlicher Audiobeiträge bzw. fernsehähnlicher Videobeiträge (Video-Podcast). Die Produktion und Distribution von Audio- oder Videodateien über das Internet wird als *Podcasting* bezeichnet.

RSS

Really Simple Syndication (wirklich einfache Verbreitung) ist eine auf *XML* basierende Technik, die ihrem Benutzer erlaubt, Inhalte einer Website zu abonnieren.

RSS-Feed

Die mit *XML* beschriebenen Inhalte einer Website bilden einen RSS-Feed, der mittels eines entsprechenden Webbrowsers oder *RSS-Readers* abonniert werden kann. Die Verfügbarkeit eines RSS-Feeds einer Website wird i. d. R. durch das Symbol im Webbrowser signalisiert.

RSS-Reader

Meist kostenlose Software für das Abonnement, die Anzeige und die Verwaltung von *RSS-Feeds*. Damit kann man *RSS-Feeds* aus verschiedenen Quellen nach eigenen Wünschen filtern und zusammenstellen.

Semantisches Web

Formale Festlegung der Bedeutung (Semantik) der Seiteninhalte im World Wide Web durch maschinenlesbare Zusatzinformationen. Dies erlaubt eine automatische Verknüpfung sowie Weiterverarbeitung von Webinhalten durch Computerprogramme.

Skriptprogrammiersprache

Programmiersprache, bei der die Programme als Skripte bezeichnet werden. Diese werden üblicherweise als Quellcode ausgeliefert und erst bei der Ausführung interpretiert, d. h. in Maschinencode umgesetzt. Skriptprogrammiersprachen wie *PHP* werden insbesondere im Bereich der Programmierung von Internetanwendungen genutzt.

Streaming

Kontinuierliche Übertragung von Daten ohne Zwischenspeicherung. Streaming kommt u. a. im Rahmen von *(Video-)Podcasts* zum Einsatz und ermöglicht so deren Konsum wie durch Rundfunk oder Fernsehen.

Tagging

Form der Indexierung, bei der Schlagwörter (*Tags*) einem Objekt zugeordnet werden (z. B. einem Foto die Schlagwörter Sommer und Urlaub).

Taxonomie

Hierarchische Klassifikation von Objekten, die zumeist von einigen wenigen Personen erarbeitet wird. Im Rahmen von Informations- und Kommunikationssystemen beschreiben Taxonomien u. a. die Form von Ablagestrukturen für Dateien (z. B. /Dokumente/Fotos/Sommerurlaub).

Trackback

Funktion von Weblogs, mit der Reaktionen auf einen Beitrag eines Weblogs innerhalb eines Beitrags eines anderen Weblogs identifiziert werden können. Die Bezugnahme wird i. d. R. an den ursprünglichen Beitrag ähnlich einem Kommentar angefügt. Trackbacks tragen damit zusammen mit Kommentaren und *Blogrolls* maßgeblich zur Entstehung der *Blogosphäre* bei.

Usenet

Internetdienst, der auf Network News Transfer Protocol (NNTP) basiert und vorwiegend als ein globales, verteiltes Diskussionssystem genutzt wird. Dieses erlaubt den Benutzern, Artikel zu schreiben und zu lesen. Die Artikel sind in ihrem Aufbau mit E-Mail-Nachrichten vergleichbar.

WYSIWYG

What You See Is What You Get (Was du siehst, bekommst du auch) bezeichnet u. a. die Darstellung eines Dokuments am Bildschirm in der gleichen Art und Weise, wie dieses auch als Ausdruck auf einem Blatt Papier erscheint, also inkl. aller Formatierungen wie etwa Fett- und Kursivschrift.

XML

Die Extensible Markup Language ist eine Metasprache zur Beschreibung von Auszeichnungssprachen. Es wurden schon sehr viele spezifische Sprachen für unterschiedliche Branchen und Aufgabenbereiche entwikkelt, die manchmal auch als XML-Formate bezeichnet werden. Damit eignen sich diese Formate hervorragend für einen flexiblen Datenaustausch.

11 Die Aktionslinie Hessen-IT

Hessen-IT ist die Aktionslinie des Hessischen Ministeriums für Wirtschaft, Verkehr und Landesentwicklung für den gesamten IT-Markt in Hessen. Hessen-IT bietet Informationen und Services zum Online-Markt, zu E- und M-Commerce, zu Software- und Telekommunikationsanbietern sowie über Telearbeit. Angesprochen werden auf der einen Seite die über 6.500 hessischen Anbieter, die Produkte oder Dienstleistungen auf dem Informationstechnologie-Markt anbieten, auf der anderen Seite die kleinen und mittleren Anwender-Unternehmen.

Anbieter-Datenbanken erleichtern die Suche nach geeigneten Dienstleistern bei der Durchführung von IT-Projekten. Gleichzeitig fungieren diese Datenbanken für Anbieter als Informations- und Kommunikationsplattform, auf der sich diese den Anwendern und potenziellen Kunden präsentieren können.

Newsticker, E-Mail- und Print-Newsletter berichten regelmäßig über den IT-Markt in Hessen. Veröffentlichungen aus der umfangreichen Hessen-Media Schriftenreihe ergänzen das Informationsangebot der Website, das jedoch weit über das Print-Angebot hinaus geht. Die Broschüren können bequem online bestellt oder heruntergeladen werden.

Hessen-IT hat verschiedene Netzwerke und Branchentreffs initiiert, in denen sich teils nichtkommerzielle Initiativen, teils kommerzielle Anbieter zusammengeschlossen haben. Regionale Multimedia- und E-Commerce-Zentren sowie IHKs, Handwerkskammern und andere regionale Akteure arbeiten zusammen an dem Ziel, Hessen auf dem Weg in die Informationsgesellschaft voran zu bringen.

Einen Überblick über diese Netzwerke und Treffs sowie Terminankündigungen zu Veranstaltungen, an denen sich Hessen-IT beteiligt, findet man im Online-Terminkalender auf der Website. Denn auch bei internationalen Messen wie der CeBIT oder bei regionalen Veranstaltungen in ganz Hessen sind kompetente Ansprechpartner der Aktionslinie präsent. Hinzu kommen Seminare und Workshops, die Hessen-IT zu verschiedenen Themen ausrichtet.

Der regelmäßige IT-Dialog Hessen sorgt neben dem vielfältigen virtuellen Informationsangebot für den realen Kommunikationsaustausch innerhalb der hessischen IT-Branche und der Landesregierung und rundet somit das Leistungsangebot ab. Besuchen Sie unsere Webseiten unter

www.hessen-it.de

12 Hessen-Media: Eine Initiative setzt Zeichen

Mit der Landesinitiative Hessen-Media leistet die Hessische Landesregierung einen aktiven Beitrag zur Gestaltung des digitalen Zeitalters. Mit einem Bündel von Projekten, Initiativen und Aktionslinien ebnet sie den Weg zur Informations- und Wissensgesellschaft in Hessen.

Zielsetzung von Hessen-Media ist die Entwicklung und Verbreitung neuer Informations- und Kommunikationstechnologien und deren Anwendung in Wirtschaft, Privathaushalten und im öffentlichen Sektor, an der Schnittstelle zu Bürgern und Wirtschaft. Hessen-Media fördert Pilot- und Modellprojekte aus allen Lebens- und Arbeitsbereichen. Dazu gehören:

- Bildung und Wissenschaft
- Gesundheit
- Umweltschutz
- Verkehr
- Wirtschaft
- Verwaltung
- Gesellschaft und Soziales
- Multimedia und IT
- Kultur

In der Landesinitiative Hessen-Media arbeiten Wirtschaft, Wissenschaft und Politik gemeinsam am Ziel, Hessens Position in der Spitzengruppe europäischer Medien- und IT-Standorte zu festigen und auszubauen.

Zusammengefasst stehen für die Landesinitiative Hessen-Media bei der Projekttätigkeit und der Öffentlichkeitsarbeit vier Schwerpunkte im Vordergrund:

- Stärkung der Medien- und IT-Wirtschaft in Hessen
- Heranführung neuer Nutzergruppen an die Neuen Medien
- Verbesserung der Medienkompetenz und Qualifizierung im Umgang mit den Neuen Medien
- Marketing für den Medien- und IT-Standort Hessen

Um diese Ziele zu erreichen, konzentriert sich Hessen-Media neben der Initiierung von Pilot- und Modellprojekten auf die Planung und Durchführung von hessischen Firmen-Gemeinschaftsständen auf zahlreichen Messen der Branche, auf die Vermittlung von Medienkompetenz, die Beratung und Begleitung der hessischen Klein- und Mittelbetriebe, die Bereitstellung von Marktübersichten (beispielsweise die Online-Anbieter-Datenbank unter www.hessen-it.de) und eine breite Öffentlichkeitsarbeit, die über die Anwendungsmöglichkeiten interaktiver Dienste und Neuer Medien informiert.

Sind Sie neugierig auf Hessen-Media? Über unser Internetportal

www.hessen-media.de

erhalten Sie vielfältige Informationen zur Landesinitiative mit Kontaktadressen und Ansprechpartnern konkreter Projekte. Zusätzlich finden Sie dort die neuesten Meldungen aus der hessischen Medien- und IT-Branche und einen Terminkalender mit den wichtigsten Veranstaltungshinweisen. Darüber hinaus können Sie hier den kostenlosen E-Mail-Newsletter der Landesinitiative abonnieren, der für Sie alle 14 Tage kostenlos die neuesten Meldungen aus der hessischen Medienbranche/Medienpolitik in kompakter Form zusammenfasst.

Kontakt:

Geschäftsstelle Hessen-Media
c/o HA Hessen Agentur GmbH
Abraham-Lincoln-Straße 38-42
65189 Wiesbaden

Telefon 0611 774-8481
Telefax 0611 774-8620
E-Mail info@hessen-media.de
Internet www.hessen-media.de

Schriftenreihe Hessen-Media

Bestellmöglichkeit und Download als PDF-Datei finden
Sie im Internet unter **www.hessen-media.de**

Hessen-Media (wir über uns)

2001 **Hessen-infoline-Netzwerk** (Band 26)

Projektdokumentation (Band 1)

Bildung und Wissenschaft

2002 **Telemedizin in Hessen – Beiträge aus dem Universitätsklinikum Gießen** (Band 24)

2001 **Entwicklung und Einsatz elektronischer Medien als Lehr- und Lernmittel an hessischen Hochschulen** (Band 27)

Kompetenzzentren und Onlinedienste im Schulwesen – Beispiele für hessen-media Projekte (Band 25)

2000 **Die virtuelle Universität** (Band 15)

E-Government

2002 **Auf dem Weg zu E-Government – Hessens Kommunen im Internet** (Band 37)

Wirtschaftsförderung und Standortmarketing im Internet (Band 36)

Marktstudien IT-Standort Hessen

2006 **IKT-Markt in Hessen** (Band 58)

2004 **Softwareanbieter in Hessen 2004** (Band 50)

Telekommunikationsanbieter in Hessen 2004 (Band 49)

2003 **Online-Anbieter in Hessen** (Band 2)

2002 **E-Shops in Hessen** (Band 28)

2000 **Der Telekommunikationsmarkt in Hessen** (Band 21)

Leitfäden für IT-Anwendungen

2007 **Web 2.0 - Neue erfolgreiche Kommunikationsstrategien für kleine und mittlere Unternehmen** (Band 57)

Die Gamesbranche - ein ernstzunehmender Wachstumsmarkt (Band 59)

2006 **Internet-Marketing nicht nur für kleine und mittlere Unternehmen** (Band 52)

Basel II - Rating für IT-Unternehmen (Band 53)

RFID - Geschäftsprozesse mit Funktechnologie unterstützen (Band 54)

Anti-Spam - Ein Leitfaden über und gegen unverlangte E-Mail-Werbung (Band 55)

VoIP - Telefonieren über das Internet (Band 56)

Leitfaden Webdesign - Internetpräsenzen besser planen und gestalten (Band 7, 5. Auflage)

In modernen Märkten überleben - Kooperationen mittelständischer Softwareunternehmen in Hessen (Band 44)

Surviving in modern markets - SME Cooperation in the software industry in Hessen

2005 **Leitfaden zur Patentierung computerimplementierter Erfindungen** (Band 51)

Recht im Internet (Band 33, 2. Auflage)

Gefunden werden im Internet (Band 32, 2. Auflage)

2004 **Wettbewerbsvorteile durch barrierefreie Internetauftritte** (Band 48)

Domainregistrierung international (Band 47)

Wireless-LAN: Stand und Entwicklungspotenzial, Nutzungsansätze für KMU (Band 46)

2003 **E-Business-Konzepte für den Mittelstand** (Band 45)

Leitfaden „In modernen Märkten überleben" (Band 44)

Projektleitfaden „Software-Ergonomie" (Band 43)

„Digitale Signatur", Leitfaden zum Einsatz digitaler Signaturen (Band 42)

Die Bedeutung der E-Logistik für den Mittelstand (Band 41)

Management von Kundenbeziehungen im Internet (Band 40)

Leitfaden „Webdesign - Internetpräsenzen besser planen und gestalten" (Band 7)

2002 **IT-Sicherheit für den Mittelstand** (Band 38)

E-Paymentsysteme – Bezahlen im Internet (Band 35)

ASP: Mehr als nur Mietsoftware (Band 34)

Recht im Internet (Band 33)

Gefunden werden im Internet (Band 32)

2002 **E-Learning für KMU – Neue Medien in der betrieblichen Aus- und Weiterbildung** (Band 31)

Telehaus Wetter – ein TeleServiceZentrum (Band 30)

2001 **Kasseler Praxis-Dialog Tele@rbeit – Analysen · Erfahrungen · Positionen** (Band 29)

2000 **Leitfaden „Webdesign international"** (Band 22)

E-Shop-Software (Band 20)

Hessische Handwerker entdecken das Internet (Band 19)

Leitfaden zur Anwendung eines Ratingsystems für IT-Unternehmen in Hessen (Band 18)

Software-Dialog Hessen (3) (Band 17)

Leitfaden „E-Shop" (Band 16)